# Me divorcié... y ahora ¿qué?

Hablemos de amor, dolor, perdón y restauración

ELIZABETH VARGAS

**Me divorcié… y ahora, ¿qué?**
Hablemos de amor, dolor, perdón y restauración

Editora: Saraí Vargas Avilés
Diseño: Yelitza Cintrón y Alexandra Cintrón
CorpID+ Advertising 1-877-926-7743
Contacto Elizabeth Vargas: profa.vargas@gmail.com
www.facebook.com/masquevivir
www.twitter.com/profavargas
www.instagram.com/profavargas
Publicación independiente

# Contenido

# Dedicatoria

A las que creen en el amor, en superar las crisis, perdonar, sanar y restaurar sus corazones.

A las que sufren, pero no se dan por vencidas y buscan tener éxito en sus relaciones.

A las que saben que caer es permitido, mas volver a empezar es posible.

A dos personas especiales que ya no están en el plano terrenal, pero fueron significativas al momento de escribir este libro:

*"Mami la vida no te alcanzó para ver este sueño realidad, pero debes estar celebrando como lo hacías cada vez que lograba una meta. ¡Gracias por festejar cada uno de mis logros y sentirte orgullosa de mí; te amo hasta la eternidad!"*

*"Keylla Hernández no olvido la entrevista que me hiciste sobre mi blog en la que me preguntaste qué seguía y por primera vez verbalicé públicamente que quería escribir un libro. Te compartí que ya lo estaba haciendo y quería que escribieras uno de los prólogos, a lo que accediste, pero el cáncer no te lo permitió. Aun así, ¡gracias por sembrar esa semilla de buscar algo más y por siempre apoyar mis proyectos!"*

# Agradecimientos

A mi esposo Sergio por motivarme a escribir, por ser mi primer lector y crítico. Me animaste cuando quería darme por vencida. Gracias por creer en mi potencial y apoyarme. Me has demostrado que existen las segundas oportunidades y que el amor es real. ¡Te amo!

Yelitza Cintrón: amiga, no hay palabras que compensen tu trabajo y apoyo. Gracias por creer en mí y en este sueño, te agradezco por el diseño de todo el libro. ¡Eres la mejor! Supiste plasmar cada detalle que te pedí y hacerlo de forma especial. Sé que tu agencia es excelente y la recomiendo 100 por ciento.

Saraí Vargas: mi editora; eres una gran profesional, dedicada y exigente. Siempre buscas lo mejor de tus clientes. No me vistes como tu hermana, me trataste como colega y eso te lo agradezco. ¡Gracias por poner tu corazón en este proyecto!

Arelis Marrero: amiga, sé que tu tiempo es limitado, pero aun así sacaste tus espacios para hacerme recomendaciones y lo valoro. ¡Eres una gran profesional a la que admiro!

A la pastora Norma Soto por ser mi madre, mi amiga y consejera. ¡Gracias por enjugar mis lágrimas y abrazar mi corazón cuando parecía que mis fuerzas desfallecían!

Ednaliz, más que una amiga, mi hermana del alma que siempre estuvo y ha estado en los buenos y malos momentos. ¡Gracias por llorar conmigo en ese proceso que viví y en tantos otros! El dolor fue más llevadero porque tú fuiste las manos de Dios en la tierra y levantabas las mías.

Al pastor y consejero Frank Tolentino por sus consejos,

por apoyarme en el camino, por creer en el matrimonio y dar la batalla para salvarlo.

Al coach y pastor Nelsón Luquis por sacar de su ocupada agenda para escribir uno de los prólogos. Tuvimos una charla muy amena sobre el tema del divorcio. ¡Gracias por su retroalimentación sobre el libro!

A la pastora Raquel Castro por su amistad, por el prólogo, por sus recomendaciones y por acompañarme en esta jornada. ¡Gracias por dar la milla extra!

Al equipo de Mujeres con Destino, a su directora Ruth Blanco y a cada una de las chicas que comenzaron esta aventura conmigo, me animaron y apoyaron.

Fueron muchas las personas que me asesoraron y compartieron sus experiencias sobre publicar un libro, y vieron la portada para darme su opinión. No quiero que se me quede ninguna, así que gracias a cada una por su tiempo y recomendación. ¡Ustedes saben quiénes son!

Finalmente, al más importante, la fuente de mi inspiración. El que me permitió vivir las experiencias que hoy comparto y me dio la fortaleza para volver a empezar. ¡Gracias Dios por ser mi todo!

# Prólogos

El divorcio siempre es un tema árido, complicado, doloroso y controversial; muy difícil de manejar para el que lo está viviendo. Elizabeth lo trata desde una perspectiva sanadora, restauradora y preventiva. Su escrito va desde lo íntimo, bien profundo, hasta lo cotidiano y simple de digerir. Utiliza experiencias vividas, pero sobre todo, palabra de Dios que va por encima de la opinión, percepciones y otras controversias alusivas al tema. No es un libro religioso, pero es profundamente espiritual. El divorcio es un mal social, familiar, emocional y espiritual: debe tener respuestas. Aquí creo que hay varias.

Nelson Luquis
PRODUCTOR, PASTOR, COACH DE VIDA

En la vida generalmente, desarrollamos una perspectiva muy clara de lo que queremos y hacia dónde deseamos llegar. La mayoría de nosotras, desde pequeñas, tenemos claro que una de nuestras metas es casarnos con ese hombre ideal y ser felices por siempre. Pero, ¿qué sucede si te enfrentas a la realidad de que no es así? A través de su experiencia, mi amiga Elizabeth Vargas bendecirá tu vida revelándote secretos y principios que te ayudarán a enfrentar con determinación y valentía el proceso de divorcio o qué debes hacer para evitarlo. Estoy convencida que durante la lectura de este libro inspirador, descubrirás que el fracaso no determina tu final y que el valor al enfrentar un divorcio puede ser el comienzo de un futuro sanador y liberador.

Raquel Castro
PASTORA CON UN BACHILLERATO (LICENCIATURA) EN CIENCIAS SOCIALES CON CONCENTRACIÓN EN PSICOLOGÍA

# UN ADELANTO:
## "No se pierde lo que no se tiene"

### ¿Perder yo? No creo...

Escribir es una de mis pasiones. Desde niña el lápiz y el papel fueron mis mejores aliados en momentos de amor y desamor. Desahogos, pensamientos y poemas fueron mis confidentes por muchos años. Escribir no fue una novedad en el proceso de divorcio. Al contrario, fue parte de los pasos de sanación. Sin embargo, quiero introducir este libro con una nota de desamor y despecho que escribí justo en medio de los primeros días de mi divorcio. Quiero abrirte mi corazón y que veas que es igual al de muchos corazones lastimados. *No se pierde lo que no se tiene* fue un grito de desespero que pretendía poner un muro alrededor de mi corazón y evitar que el proceso me doliera más de lo que ya había dolido.

### "No se pierde lo que no se tiene"

> *"No he perdido, simplemente he despertado a la realidad de no haberte tenido. En lo más profundo de mi corazón te guardé y me aferré a un amor que no existía. ¿Qué si duele? ¡Mucho! porque me obsesioné tanto con tenerte que pasé los años pensando que eras parte de mí. ¡Qué ilusa!*
>
> *Asimismo, he realizado que nunca me amaste. Por lo tanto, el amor no se terminó porque el verdadero amor no termina: evoluciona, pasa por diferentes etapas, pero siempre está ahí. Recuerda que el verdadero amor "nunca deja de ser". Si no lo puedes entender es porque nunca has experimentado lo que es amar sin medida.*
>
> *Mientras tanto, cierro un capítulo más en el libro de mi vida. Hay una mezcla de sentimientos y no*

*puedo evitar llorar. Entonces, te preguntarás por qué lloro. Las lágrimas bajan por mi rostro, pero si estoy llorando es solamente para limpiar el corazón de este dolor y para borrar los momentos que construí en mi imaginación.*

*No puedo negar que mi sueño fue hermoso, pero se convirtió en una pesadilla. Al despertar tú no estás, sigues en aquella cárcel donde te conocí, eres preso de un pasado que no quisiste soltar y no puedo hacer lo que te toca a ti, no soy tu salvadora, no te puedo dar felicidad porque tú no eres feliz y eso depende de ti, no de mí.*

*En el inconsciente me dediqué a perderte. El tiempo que no separaste para mí, las palabras de amor que no llegaron, la pasión que no existía y los besos que no me diste fueron alejándome de ti. ¿Qué quiero decir?, que aunque en sueños nos amamos, en vida sentía que te perdía, pero no, no fue así, no perdí.*

*En vez de perder he ganado. Ahora sé que tengo la capacidad de amar, de entregar el corazón y de perdonar. Reconozco que a pesar de mis defectos tengo mucho valor. El tiempo es mi mejor aliado en estos momentos y sé que tarde o temprano sanaré porque no he perdido, definitivamente no se puede perder lo que no se ha tenido. Te envío un abrazo y espero que seas feliz".* (Vargas, Más que vivir, 2012)

Así fluyó mi proceso de duelo: entre cartas, desahogos y reflexiones. Sin embargo, tengo que concluir esa etapa de manera formal. Mucho he hablado de escribir un libro, pero nunca pensé comenzar con el tema del divorcio: algo que se puede definir como el final. Quiero introducir este libro y pedirte que me acompañes en esta jornada; un final que me llevó a un nuevo amanecer.

# Introducción
## Un libro sobre divorcio por qué y para qué

Hay procesos de los cuales es mejor ni hablar. Vivencias que quieres llevar a la tumba sin que otros sepan que ocurrieron. La tormenta que se experimenta solamente la sabe y la puede palpar aquel que la siente. Si lo cuentas corres el riesgo de que minimicen tu dolor o tal vez lo comparen con alguna experiencia que no necesariamente tiene el impacto que provocó en ti. No obstante, llega el momento en que te preguntas si es mejor callar o gritar lo que sientes. Cuando decides hablar tienes que estar dispuesta a recibir retroalimentación positiva o negativa.

¿Has pensado en el divorcio? ¿Has vivido la experiencia? ¿Deseas salvar tu matrimonio o determinar la persona adecuada para ti? ¡Este libro es para ti! No tengo idea de cuántos libros hay sobre procesos de divorcio, particularmente de figuras públicas. Solamente sé que existen bastantes. Unos escritos por sus protagonistas, otros por expertos en relaciones humanas. Sé que cada historia tiene su particularidad. También, cada protagonista enfrenta su crisis de forma distinta. Eso hace la diferencia entre uno y otro. Además, está la curiosidad de conocer sobre las intimidades de esas personalidades que están constantemente en los medios de comunicación. Yo no soy una figura pública ni pretendo serlo. Entonces, ¿por qué escribir un libro sobre mi vivencia?

Hay muchas respuestas, pero la principal es que quiero convertir el dolor de la pérdida de una relación en una herramienta para aquellas que hoy llevan a cuesta esa cruz. Claro, este libro no es solamente para las que viven o han vivido un proceso de divorcio. Es también para prevenir este proceso tan doloroso. Ya lo dice el refrán: "más vale precaver que tener que remediar". Ese es el más importante de mis porqués.

Los tribunales atienden solicitudes de divorcio diariamente. Al parecer, mucha gente se casa pensando que si no les funciona, esa es la opción más fácil. Estoy convencida de que en lo más profundo del corazón pocos se casan con la idea de divorciarse. La mayoría tenemos la ilusión de encontrar una persona a quién amar y que nos ame por el resto de nuestras vidas. Yo no soy la excepción, pero ya lo dice el título del libro: sí, me divorcié.

Llevo varios años escribiendo en mi blog Más que vivir (www.masquevivir.com). Allí hablo sobre distintos temas, algunas de mis experiencias y reflexiones sobre la vida misma. Sin embargo, cuando inicié mi proceso de divorcio escribí varias entradas para desahogar el dolor que sentía. Claro, inicialmente no quería que se supiera que estaba en esa encrucijada, por lo que los temas eran generales. Quizás no deseaba desnudar mi corazón por completo, pues albergaba la esperanza de que hubiera una reconciliación.

Mis seguidores dejaban sus comentarios en solidaridad con lo que iba plasmando en mi espacio. Eso me ayudó mucho en mi proceso de sanación. Creo que en ese momento me di cuenta que era mejor hablar que callar.

Cuando entendí que no habría vuelta atrás y que el divorcio era un hecho, escribí directamente sobre el tema. Recuerdo que fue una conmoción, pues solamente mis amigos más íntimos y los miembros de la iglesia a la que asistíamos sabían lo que había pasado. Ni siquiera mi familia lo sabía. Fue algo así como la noticia más sorprendente del año. Claro, para los que nos conocían. La gente nos veía como la pareja ideal; compartíamos prácticamente todo. Siempre estábamos juntos y nos veíamos felices. No puedo decir que no lo fuimos porque dentro de sus altas y sus bajas creo que tuvimos bastantes momentos de felicidad y estabilidad. Así que aquí también celebraré el amor que viví junto al que un día fue mi compañero de vida. No se trata de buscar culpables, quién hizo más o menos. Aunque, les hablaré de nuestras fallas más adelante. Es inevitable escribir lo bueno y lo malo, pues se trata de compartir aprendizaje.

Es importante que todos sepan que nadie muere de amor, que la vida sigue y que hay una nueva oportunidad para descubrirnos y salir adelante. Creo firmemente que, para que ese proceso se dé saludablemente, tenemos que apostarle al amor, sanar el dolor, aprender el verdadero significado del perdón y de esa forma restaurar nuestras vidas. Eso ocurrirá en la medida en que evaluemos dónde estamos y hacia dónde nos dirigimos con respecto a nuestra relación. ¿Eres capaz de amar, de salir de relaciones tóxicas, de reconocer tus errores y de perdonar? Esas son algunas de las preguntas que te ayudaré a contestar a medida que comparto mi historia y te cuento lo que hice. Ahora bien, es fundamental que sepas que si has pasado por una ruptura matrimonial o has terminado un noviazgo, hay algo más para ti. Volver a empezar es posible y eso lo puedo confirmar con mi experiencia.

A su vez, este libro permite que aquellos que atraviesan una crisis en su matrimonio puedan evaluar su situación y decidir luchar por su relación. Sí, porque en ningún momento quiero sugerir que el divorcio es la mejor alternativa. Apuesto al amor, siempre y cuando no haya maltrato y esté en riesgo la vida o la salud mental y emocional de la persona que se encuentra en la relación.

Finalmente, como lo expresé anteriormente, pretendo que este libro sea una herramienta de prevención y de esperanza. Por lo que encontrarás preguntas que te llevarán a analizar tu vida, tu relación o pasadas relaciones. Igualmente hay ejercicios de autoevaluación que te permitirán trabajar esas áreas en tu vida en las que necesitas mejorar o sanar. Más que un libro, es una oportunidad para restaurar tu vida y ser libre de todo dolor que te haya dejado una relación del pasado. No obstante, este texto expone, desde una perspectiva conductual, acciones o "banderas rojas" que alertarán sobre posibles peligros relacionales a todo aquel que desea iniciar una nueva relación.

Así, dejando bien claro el porqué y el para qué del libro, podemos comenzar esta travesía. ¿Me acompañas?

# CAPÍTULO I
# Te amo, pero te dejo libre
## El divorcio: "Crónica de una muerte anunciada"

¿Alguien puede estar listo para la separación permanente? ¿Puede una persona decirle adiós a la persona que ama? Llegó el día, allí estábamos sentados uno al lado del otro, acompañados por nuestra pastora y amiga. Los tres llegamos en carros individuales. Llevaba poco tiempo guiando y tuve que estacionarme en reversa. Ese fue mi primer reto al llegar al tribunal. No te rías. En el intento choqué un carro BMW. El guardia me entrevistó, le dije hacia dónde me dirigía y me indicó que luego resolvíamos lo del choque. Te imaginas cómo me sentía. Al parecer no era suficiente a lo que me iba a enfrentar en la sala del tribunal y como dice el refrán, "si no estamos presos, nos andan buscando". En otras palabras, los problemas no llegan solos, siempre nos caen dos o tres a la vez para probarnos.

Finalmente nos encontramos. No sabíamos en qué momento nos tocaría estar frente al juez. La sala estaba casi llena de otras parejas que se encontraban en la misma encrucijada. Yo no quería estar allí. Pensaba que era una terrible pesadilla y que en algún momento iba a despertar. Albergaba en mi corazón la esperanza de que él se arrepintiera del proceso y volviéramos a intentar recuperar el matrimonio. Fueron muchas las veces que tuvimos que buscar la ayuda profesional y espiritual para trabajar a favor de nuestra relación, lo cual recomiendo cien por ciento. Tal vez pensarás que si nos divorciamos no valió la pena, pero créeme que sí funciona. Más adelante te diré cuándo esa ayuda es eficaz y cuándo no tiene ningún efecto en la pareja.

Mientras esperábamos a ser llamados, él respiró profundamente; como si quisiera escapar. Pensé que era el momento que estaba esperando. Recuerdo que la pastora le dijo que todavía tenía oportunidad de evitar el divorcio, pero él cayó y yo me tuve que resignar. El juez dictaminó en dos casos, antes de evaluar el nuestro. Era un verdadero infierno el escuchar cómo se destruían matrimonios y las guerras que llevaban hasta el estrado del tribunal: división de bienes, custodias de los hijos; y así prosiguió la antesala al divorcio. Esa espera me destrozaba el alma. Si me iba a tocar vivirla, quería salir de allí lo más pronto posible. Después de todo, la vida tenía que continuar. Una vez culminara, iría a trabajar como todos los días. Ese día había un evento importante en mi trabajo, así que no podía faltar. Estaba preocupaba porque no tenía idea de cómo saldría luego de ver destruido mi matrimonio.

**"El amor verdadero es capaz de dejar ir".**

La espera finalizó; nos llamaron, allí estábamos frente al juez. Nos hizo varias preguntas con relación a la división de los bienes y nuestras circunstancias. Insistentemente preguntó si realmente nos queríamos divorciar. Recuerdo haber respirado con disimulo y en mi mente decirme: "tienes que mentir, no hay más alternativa". Realmente no quería divorciarme. Para mí no era una opción. Yo me había casado con la ilusión de que sería para toda la vida y si era posible hasta el más allá, después de la muerte. Aunque suene cursi y algo romántico.

Luego de escuchar todas las advertencias, nos declaró divorciados por acuerdo mutuo. No hay palabras para describir el amargo sabor de esa sentencia. Es como estar en un funeral y tener que enterrar a un ser que has amado. Con la única diferencia, que en esta ocasión esa persona estaba viva, pero yo había muerto para él.

Quería llorar, pero debía ser fuerte. Así salimos de la sala del Tribunal. Le entregué una carta que escribí el día antes. Los tres nos despedimos y gracias a Dios el choque no tuvo mayores repercusiones. El guardia me dijo que me podía ir tranquila. No se imaginan el alivio que eso me dio, a pesar de lo doloroso del divorcio. El colmo hubiera sido que tuviera que entrar en un proceso por el choque. Solamente restaba resignarme a que amar también significa liberar cuando la otra persona no desea continuar.

## No era la primera vez

¿Cuántas oportunidades eres capaz de darle al amor, al matrimonio? Me tocó darle su libertad porque no era la primera vez que la solicitaba. Para ser exacta era la segunda vez que me pedía el divorcio por la misma razón: ya no me amaba. La primera vez no tuve el valor de otorgárselo. Emocionalmente estaba frágil, no podía creer que el amor se murió y que él quería ponerle fin a la relación. El mundo se me cayó en pedazos. No hay palabras que puedan explicar el dolor tan grande que sentí. Lloré y grité amargamente. ¿Cómo te sentirías o te sentiste tú? ¿Qué harías o qué hiciste en ese momento? Yo reaccioné como cualquier otro ser humano, pero no me quedé sumergida en la desesperación. Busqué ayuda espiritual, sicológica y siquiátrica. No sé qué hubiera pasado si esa primera vez le decía que sí al divorcio. Jamás lo sabré. En vez de permitir la separación, me aferré a luchar por la relación. Lo hice por el amor que sentía, lo hice por él y por mí, por nosotros.

Las acciones repetitivas hay que mirarlas con mucho cuidado. La inestabilidad en los sentimientos puede destruir el matrimonio y también la autoestima. Mis emociones estaban en el piso. Recuerdo que estaba hospitalizada con asma la primera vez que me dijo que ya no me amaba. El mundo que creí haber construido con él se fue al piso. Llamé a un consejero cristiano y a una sicóloga cristiana, pues sabía que sola se me haría difícil manejar la situación. De por sí no estaba bien físicamente.

El estar en un hospital no es agradable y menos cuando no tienes a nadie que esté contigo. Pasaba los días sola hasta que él salía de su trabajo e iba a visitarme. Cuando me dijo que el amor se acabó, yo no podía entender por qué estaba pasando eso y menos el porqué me lo decía estando en el hospital. Era como un castigo. Las horas se hacían largas pensando en el posible fin de la relación. Fue realmente una tortura. Sentía que mi corazón no podía resistir tanta incertidumbre y tanto dolor. Al pasar del tiempo iniciamos el proceso de terapia nuevamente. Al parecer todo estaba funcionando. Volvió a ser el mismo hombre que me apoyaba en todo, que estaba ahí para mí y que me demostraba su amor con detalles. Mi corazón sintió paz otra vez.

Los dos estábamos sirviendo como líderes en la iglesia. Habíamos vuelto a las rutinas de la vida tanto en lo personal, profesional como en el servicio a Dios. A fines de julio de 2011 nos tomamos unos días de vacaciones en un hotel. Algo así como una pequeña luna de miel para fortalecer el matrimonio. Todo iba perfecto. En el mes de agosto tuvimos el retiro con los jóvenes de la iglesia. Nosotros éramos los consejeros, lo equivalente a pastores de jóvenes en algunos países e iglesias. Nuestro matrimonio era un ejemplo para ellos. Siempre estábamos unidos, trabajando para el Señor y para el crecimiento de la juventud.

## Ya no te amo

Semanas después de ese retiro, y justo unos días antes de mi cumpleaños, llegó la noticia más dolorosa que tocaba nuevamente mi corazón. El cuento de hadas de "vivieron felices por siempre" parecía haber llegado a su fin. Directamente me dijo que se quería divorciar. Fue un domingo, uno de los más amargos que he vivido. Sentí que mi corazón se quedó sin aire, que moría en vida, que mi alma no podía resistir tanto dolor. Grité, lloré, busqué un cuchillo y me encerré en el cuarto bajo el impulso del coraje y la frustración. Realmente me quería morir, pero no llegó a mayores. Así comenzó la primera semana de esa tortura que fue consumiéndome por dentro. ¿Has pasado por una separación? ¿Qué emociones sentiste?

Creo firmemente que el verdadero amor no tiene final, pero las relaciones necesitan cultivarse diariamente para que puedan desarrollarse saludablemente. A veces, sin darnos cuenta, caemos en una relación que nos hace daño. En mi caso, me había vuelto dependiente de él. Más allá del amor, se había convertido en mi todo. Yo ni siquiera conducía hacía mi trabajo. Él me llevaba a todos lados. Siempre estábamos juntos. Algunos lo veían bonito, pues era un apoyo incondicional en cada una de las actividades que yo realizaba.

> "No te dejes engañar; el verdadero amor no tiene final".

¿Cómo iba a salir adelante? ¿Aprendería a conducir? ¿Podría ir al supermercado sola? ¿Con qué cara les diría a los pastores y a los jóvenes de la iglesia que sus líderes ya no continuarían la jornada del matrimonio? ¿Era realmente una solución el divorcio? ¿Cómo podía quitar de mi mente los fatales pensamientos que llegaban en medio del proceso?

> "La culpa y los pensamientos de derrota no pueden arrastrarnos".

Aunque no veamos el sol porque las nubes oscuras lo están cubriendo, esa lumbrera está ahí. Y más aún, no estamos solas en los procesos difíciles. Dios ha prometido estar en el valle de la sombra y de la muerte; y solamente en esos momentos podemos experimentar el cuidado del buen Pastor. Así que la vida debe continuar.

Te preguntarás cómo inició esa relación. Tal vez quieres saber si hubo momentos hermosos y memorables. Difícilmente las relaciones empiezan de forma tormentosa. Cada una de nosotras tenemos historias de amor que contar. Quizás la tuya sea más emocionante que la mía. ¿Cómo fue que comenzó?

*"Detrás de cada historia de amor que culmina hubo momentos de felicidad".*

# CAPÍTULO 2

# Amor a primera vista?

## Me flechó el amor

¿Recuerdas esa primera vez que vistes a tu gran amor? ¿Cómo te sentiste? ¿Qué pasó por tu mente? ¿Recuerdas cómo estabas vestida? ¡Yo sí! Me parece ver la blusa de cuadritos y la falda larga azul marina. Fue en marzo, era mi primer retiro de jóvenes del concilio de la iglesia a la que recién comenzaba a asistir. Había jóvenes de todas partes de Puerto Rico. Recuerdo que iba muy enfocada en tener un encuentro con Dios. Pero claro, a mis 18 años no era ciega y podía ver también la hermosa creación del Señor en muchos de los jovencitos que allí estaban. ¡Juventud divino tesoro! ¡Qué muchos momentos emocionantes vivimos!

Recuerdo haber puesto mis ojos en uno que físicamente me atrajo, pero a su lado estaba él. Me di cuenta que su mirada tímida y su sonrisa daba señales de que yo no le parecía mal. Tal vez le podía interesar. Hubo una actividad dinámica en la que nos colocaron en dos ruedas y una vez terminaba una canción yo quedaría de espalda a alguien que oraría por mí. No les puedo negar que le pedí a Dios que fuera mi ex el que estuviera a mi espalda. No sé si Dios me contestó la oración o fue una trama del destino, pero yo no creo en las casualidades. Así que él oró por mí y yo oré por él. Su oración me cautivó. Así comenzó nuestra aventura. ¿Amor a primera vista?

Las mariposas hacían fiesta en mi estómago. Me imagino que también las has sentido. Esa emoción de compartir, hablar largas horas y el deseo de que el tiempo se detuviera para seguir disfrutando de su compañía. Invertir tiempo pensando cómo estará, qué hará, pensará también en mí. Muchas interrogantes producto de la ilusión inicial. ¡Yo también lo viví! Sin embargo, no creo en el amor a primera vista. Tal vez, sí en la ilusión. Esa primera etapa a la que llaman enamoramiento. En esa etapa vemos todo color de rosa, pasamos por alto los defectos y todo es maravilloso. Aunque muchos piensen que eso les ocurre solamente a los adolescentes, no es así. Los adultos también se ilusionan y según la Real Academia Española, la ilusión no es la realidad, así que, ¡cuidado!

"**Ilusión** - *Concepto, imagen o representación sin verdadera realidad, sugeridos por la imaginación o causados por engaño de los sentidos. Esperanza cuyo cumplimiento parece especialmente atractivo.* (Real Academia Española, n.d.)

Cuando comencé la relación era una niña inocente, estaba saliendo de la llamada adolescencia. Fui criada en un hogar cristiano, con unas normas muy estrictas y conservadoras. Ahora sé que fueron más rudas de las que se debían, pero fue esa crianza lo que me dio la base del carácter que tengo y me hizo la mujer que soy hoy. No tengo nada que reprochar. ¿Quieres saber cómo era? Me vestía como monja, tenía que llevar una conducta intachable, pues era la hija de un ministro evangelista y estaba en la mira de todos. Me exigía mucho porque mis padres también lo hacían. No podía defraudarlos. Fue por eso que no tuve novio hasta que llegó él. También porque mi papá decía que si llevaba un novio a la casa "lo tiraba por el balcón". Como todo padre, quería para mí un compañero perfecto, algo así como un ángel que no hiciera sufrir a su hija.

No obstante, llegó él. Mi familia lo amó profundamente. Sorprendentemente hasta mi padre lo aceptó como un hijo. Con él perdí mi timidez, abrí mi corazón y dejé que la niña soñadora despertara. Me había ilusionado anteriormente, pero esta vez me enamoré realmente. No me cabe la menor duda de que lo amé con todo mi corazón. Fue un amor puro, que estaba dispuesto a entregarse, a crecer juntos y a envejecer. La Real Academia Española define el amor como un sentimiento. Creo que más que un sentimiento es una decisión, porque las emociones van y vienen. Un día sentimos una cosa y otro día otra. Si nos dejamos llevar por lo que sentimos podríamos cometer grandes errores. La misma Biblia dice en Jeremías 17:9 que engañoso es el corazón. Así que te comparto la definición porque sí tiene elementos en los que concuerdo.

*Amor* – *Sentimiento intenso del ser humano que, partiendo de su propia insuficiencia, necesita y busca el encuentro y unión con otro ser. Sentimiento hacia otra persona que naturalmente nos atrae y que, procurando reciprocidad en el deseo de unión, nos completa, alegra y da energía para convivir, comunicarnos y crear. Sentimiento de afecto, inclinación y entrega a alguien o algo.* (Real Academia Española, n.d.)

No recuerdo exactamente cuándo decidí amarlo, pero hay detalles que siempre viven en la memoria. Por ejemplo, ese primer beso fue especial, mágico y hasta extraño. Era la primera vez en mi vida que experimentaba algo así. Mi reacción lo sorprendió mucho y hasta lo preocupó. Recuerdo haber llorado. No me preguntes por qué. La verdad es que han pasado 20 años y todavía me pregunto qué me hizo reaccionar de esa manera. Así comenzó la primera parte del noviazgo. Sí, tuvimos tres etapas, dos separaciones de por medio. La primera etapa nos hicimos novios, pero éramos dos niños, no estábamos listos para el noviazgo. Así que terminamos. Él tuvo una novia con la que pensaba hasta casarse y yo me convertí en la mejor amiga y confidente durante ese proceso. ¿Te imaginas?

Luego nos dimos una nueva oportunidad. Un día, sin ninguna explicación, él terminó la relación. Creo que esa vez estuvimos como un mes separados. Ya cuando regresamos, a los seis meses me comprometió y al año nos casamos; pero meses antes de la boda todavía no estaba seguro de la decisión.

El noviazgo es una etapa muy importante, como antesala a lo que será el matrimonio. Ahora bien, no se deben saltar las etapas. La amistad inicial es esencial. Definitivamente así fue para mí.

## Noviazgo: una guía para el matrimonio

Algo que me quedó muy claro después de mi divorcio fue que el noviazgo trazó la guía de lo que sería el matrimonio. Creo que lo pude internalizar un poco tarde, pero eso me serviría para lo que quería lograr en una futura relación. Cuando inicié la amistad con él tenía unos 18 años, apenas iniciaba mi bachillerato (lo que se conoce en Latinoamérica como licenciatura) en la universidad. Aunque había tenido amigos con los cuales compartía, él fue mi primer novio oficial; mi primer amor. No tenía referencias anteriores para poder determinar si lo que vivía estaba bien y era saludable. Cuando era adolescente tomé algunas conferencias sobre el noviazgo. Ahí determiné que no aceptaría ser novia de alguien, a menos que estuviera segura de que podía ser un candidato para el matrimonio. Veía el noviazgo como debe ser, ese espacio para conocer las virtudes, fortalezas de la otra persona, pero también las debilidades y las cosas que tal vez no estaría dispuesta a aceptar. Por lo menos, lo tenía claro en teoría, pero el enamoramiento nos ciega y yo no fui la excepción.

Ciertamente, a esa edad dejé pasar muchas señales de que ni él ni yo estábamos listos para dar el próximo paso. Por eso recomiendo que la pareja tenga mentores que los puedan asesorar objetivamente sobre los temas más importantes en el matrimonio. Nadie debe casarse sin tener esa orientación, aunque haya tenido matrimonios anteriores. Es más, si vienes de un divorcio con más razón debes tener ese tipo de preparación prematrimonial. Eso nos faltó, definitivamente. Es más difícil arreglar lo que no se trabajó con anticipación. ¿Qué señales dejé pasar?

## Banderas que ignoré sabiendo que no eran correctas

**1. Autoestima** - La inseguridad por poco termina con la relación desde que éramos novios.

**2. Matrimonio como escape** – Queríamos huir de nuestros hogares, estabilizarnos económicamente, tener la licencia oficial para poder tener relaciones sexuales. O sea, la motivación para casarnos no era la correcta.

**3. Comunicación** - Cada vez que había un problema, él prefería huir y yo insistir hasta que lo hastiara. Sí, yo era algo difícil porque heredé el carácter de mi papá y de mi mamá: los dos fuertes.

Hay otras banderas que quizás no viví, pero conozco muchas personas que sí. Las quiero compartir porque pretendo que este libro también sea una guía para los jóvenes o para los que contemplan entrar en una relación de noviazgo.

## ¡Cuidado con las banderas rojas!

Lo primero que quiero establecer es que esas señales se pueden ver tanto en hombres como en mujeres, aunque me enfoque más en el hombre, pues yo soy mujer.

**1.** Utiliza palabras denigrantes para hablar de otras mujeres y hasta de ti.

**2.** Trata mal a su madre y sus hermanas.

**3.** No quiere introducirte en su círculo de amigos y su familia.

**4.** No sabe manejar su ira y su coraje.

**5.** Habla mal de sus parejas anteriores. No acepta su parte de la responsabilidad por las rupturas.

**6.** Te grita, te amenaza.

**7.** Controla tus salidas, tu forma de vestir, la forma en que te relacionas con tu familia y amigos. En ocasiones te aísla de las personas que amas.

**8.** Miente, oculta información importante.

**9.** Infidelidad; normalmente no nos equivocamos cuando vemos conductas extrañas con otras mujeres. Eso puede repetirse en el matrimonio.

### ¿Cómo sabría si estaba preparada para dar el paso oficial y unir mi vida a él?

Realmente no estaba lista para casarme. Tenía muchos sueños que quizás debí lograr antes de entrar a ese compromiso. Me faltaba la madurez para enfrentar muchas de las dificultades que trajo consigo la relación. Era una niña jugando a ser la esposa ideal, pero no tenía idea de qué debía hacer. Y lo peor fue que no había tenido un ejemplo de lo que era un matrimonio feliz, porque mis padres no tenían la relación que yo hubiese querido imitar. Unimos nuestras vidas ante Dios y los hombres sin la menor idea de cómo resolver conflictos básicos. Yo era una joven muy extrovertida, apasionada en todo lo que hacía, una líder con un carácter fuerte y firme, que estaba muy decidida a alcanzar todo lo que quería. Mientras él era lo opuesto: un chico tímido, tranquilo y de carácter llevadero; no le gustaba la confrontación. Digamos que yo había soñado con alguien con su temperamento, pues en mi hogar había visto cómo convivían dos personas con carácteres iguales. Ciertamente, no quería repetirlo.

## ¿Quieres saber si estabas o estás lista para una relación formal?

Prepara una lista de las cualidades y características que te hacen la persona idónea. Igualmente haz una sobre las cualidades y características que te gustaría que tuviera esa persona, tanto física, espiritual, emocional como intelectual. Establece las prioridades, cuáles de esas prioridades no podrías negociar.

1. _____

2. _____

3. _____

4. _____

5. _____

Otras preguntas que te debes hacer si todavía no estás casada. Igualmente si ya te uniste en matrimonio, puedes analizar estos cuestionamientos para reflexionar sobre cualquier área que deseas mejorar.

**1.** ¿Qué actividades disfrutan en común?

_____

**2.** ¿Qué metas tienen para el futuro?

_____

**3.** ¿Quieren tener hijos?

_____

**4.** ¿Cómo están sus finazas?

_____

**5.** ¿Saben establecer prioridades presupuestarias?

_____

**6.** ¿Saben controlar sus emociones y comunicarse efectivamente?

_____

**7.** ¿Cómo resuelven los conflictos?

_____

**8.** ¿Cómo es su relación con su familia?

_____

**9.** ¿Qué papel juega la espiritualidad en su vida?

_____

**10.** ¿Tienen las mismas creencias en temas espirituales?

_____

Para que una relación funcione, hace falta mucho más que amor. Por lo menos ese amor que muchos definen como un sentimiento muy especial, pues el verdadero amor se decide todos los días. ¿Te levantas todos los días con los mismos sentimientos? Verdad que existen días que sientes cosas negativas y no por eso sales corriendo a hacer lo que sientes o piensas. Pues hay días que sentirás que quieres abrazar a tu cónyuge y otros días sentirás que quieres tirarlo de la cama. No te puedes llevar por esos sentimientos. Así que eso de sentir amor hoy y mañana no, es algo imposible. Tú decides si quieres amar y luchar por la relación.

Considera varios aspectos que puedes analizar para determinar si estás dispuesta a dar el siguiente paso en la relación. Lo primero es que puedes dejar a un lado tu orgullo y ceder en algunas cosas para el bienestar de la relación. Ahora bien, eso que podemos dejar a un lado no puede ser principios fundamentales de la vida. Puedes sacrificar tus intereses para complacer a tu pareja en algunas actividades. Por ejemplo, asistir a un partido de béisbol o ir al cine a ver una película de amor o de acción, según sea el caso. Si viven en pueblos, ciudades o países distintos, uno de los dos debe ceder y mudarse cuando se casen. También, es muy importante saber qué piensan sobre los temas importantes de la vida, sus creencias religiosas, sus metas o sueños, entre otros.

> *"Controlar las emociones puede llevarte al éxito o al fracaso de la relación".*

Hay diferencias que se pueden llevar a un término medio, pero otras no. Muchas parejas dedican más tiempo a la pasión, los besos, las caricias y hasta las relaciones sexuales y se olvidan de conocerse emocionalmente, espiritualmente, intelectualmente y eso es lo más importante en una relación. Por tal razón, para determinar

---

si tu pareja es la idónea, es importante conocer sus cualidades o características positivas y negativas. A su vez, determinar si las debilidades que tiene se pueden trabajar antes de que entren al matrimonio. Esto es clave para identificar si estás

*"Cada historia de amor tiene algo de ilusión y de pasión, pero eso no es lo fundamental".*

con la persona indicada para compartir tu vida. Haz el siguiente ejercicio:

**Ejercicio Conociendo a mi pareja** – Enumera las características positivas y negativas

| Características positivas | Características negativas |
|---|---|
|  |  |
|  |  |
|  |  |
|  |  |
|  |  |

Una vez hayas concluido el ejercicio, contabiliza qué características predominan: las positivas o las negativas. De esta manera, tendrás una visión más objetiva sobre el tipo de hombre que es y si estás dispuesta a compartir el resto de tu vida con él. Recuerda que esta decisión es una de las más importantes. Si tiene más características positivas, pero hay algunas negativas que no puedes aceptar, detente. Algunas áreas débiles se pueden trabajar si la persona tiene la disposición, pero el cambio debe ser genuino.

# CAPÍTULO 3
# El dolor de la crisis

## Pensé que era mejor callar

Al principio, solamente las personas más cercanas sabían lo que ocurría. Ya les mencioné que ni siquiera mi familia sabía que estaba en medio de una crisis que posteriormente me llevó al divorcio. Creo que esto de las redes sociales hace que uno se exponga más de la cuenta, pero aun teniendo un *blog* fui bastante cuidadosa en lo que publicaba. Lo primero que escribí fue muy general. Hablé de procesos diversos, pero el título era muy directo, hablaba de mi silencio. Un silencio que me consumía porque en vez de exteriorizar lo que sentía, me tragaba mi dolor. Y eso nunca es bueno. ¿Alguna vez has callado algo que te ha lastimado? ¿Cómo te has sentido?

_____

_____

_____

_____

_____

_____

"El dolor es como un veneno, que si lo tragas, poco a poco te va matando".

Lo más recomendable es sacarlo en dosis pequeñas. Mientras más dolor acumulas, más tienes que trabajar para poder sanar porque el dolor consume y agota. En la vida atraviesas por diferentes momentos de dificultad. El divorcio puede ser uno de ellos, pero no el único. Los problemas se pueden dar en diversas etapas del año y para mí, cada instante vivido, tiene un significado. No creo que haya sido casualidad que mi divorcio se diera en el otoño. Es una época importante porque se comienzan a caer las hojas viejas. Quiero transmitirte un poco de lo que expuse al respecto en mi página de Internet, porque mis letras son la mejor manera de expresar mis sentimientos. Aquí compartiré varios de mis escritos. Esos que fueron sacando poco a poco mi dolor para llevarme a la sanación.

## El silencio de mi otoño

Estuve varias semanas en silencio. Recuerdo que decía en uno de mis escritos que de vez en cuando hay que hacer una pausa. Y me llegó el momento a mí. Tal vez igual que tú, experimenté uno de los procesos más difíciles de mi vida y en ese momento no creí necesario entrar en detalles. Sí, soy humana. Yo también puedo palpar diversas emociones: siento alegrías y tristezas, amor y dolor. En instantes como esos es que reviso mis escritos y me pregunto: ¿qué hay detrás de mi sonrisa? ¿Estoy trabajando para lograr las cosas que quiero hacer antes de morir?

Luego de ese cuestionamiento, volví al silencio en el que estaba. Ese silencio que hablaba más que mil palabras y estaba lleno de emociones encontradas. Había una lucha desatada en mi interior y aunque no veía una salida, me sentía en paz. Yo decidí ser feliz a pesar de mis circunstancias. Así he tratado de que sea siempre, pero no creas que es fácil. A veces suena muy bien, pero cuando te toca experimentar el dolor hasta el más fuerte se puede sentir desfallecer.

Ciertamente, hay vivencias que nos estremecen y nos dejan sin aliento, pero en el silencio se pueden analizar mejor. Las ideas se aclaran poco a poco y así van pasando las etapas del proceso en el que nos encontramos. Y eso fue lo que me sucedió. Algo muy importante que debo destacar, es que en ese silencio me conecto con el Creador, escucho canciones con mensajes que me alientan y escribo para desahogarme.

También, tengo momentos en los que lloro para limpiar y sanar mi corazón y aprovecho para leer. Así voy procesando poco a poco el dolor de la crisis.

"Todos necesitamos otoños en nuestras vidas, ahí nos despojamos de lo que ya está muerto y no sirve para que el invierno lo queme con su frío y luego podamos renacer en la primavera".

En el instante en que escribía parte de lo que aquí plasmo, me sentía en el otoño de la vida y no era fácil ver como cada hoja besaba el suelo y luego volaba lejos. Cada una de ellas tenía tanto que contar, pero era hora de que tomaran otro rumbo. En su momento llegaría el invierno, ese frío que quema y parece que nos dejará sin vida, pero hay una esperanza. Yo sabía que esa estación no duraría eternamente, también pasaría y luego vendría una nueva etapa. Estoy convencida de que nada de lo que vivimos pasa por casualidad. Hay un propósito y cuando dejamos que Dios tome el control de nuestras vidas, volvemos a renacer, salen nuevas flores y disfrutamos de la primavera. Sin embargo, antes de que volviera a florecer tenía que pasar por el dolor. Debía llorar y completar el rompecabezas de mi corazón, pues había quedado en pedazos.

## Un corazón en pedazos

Uno de los pasos que debemos dar es reconocer ese dolor y no encerrarnos en la negación, en pensar que eso no nos puede estar pasando a nosotros. Sé que al igual que yo, tú también has experimentado el dolor de entregar tu corazón y que luego lo recibas en pedazos. Te puedo decir que entiendo perfectamente el sufrimiento que causa y la frustración tan grande que se puede vivir. ¿Cuántas veces te ha pasado? ¿Puedes afirmar lo mismo? Es momento de aceptar lo que has vivido.

*"Entregué mi corazón y me lo devolvieron en pedazos".*

Luego de reconocerlo, identifica esos pedazos que han sido lastimados. No quieras aparentar que todo está bien. Por más fuerte que seamos, algo en nosotros ha cambiado. ¿Qué piezas se han quebrado en ti?

_____

_____

_____

_____

_____

Una vez uno pasa por algún proceso difícil y doloroso no vuelve a ser igual. Definitivamente quedan las heridas que deben sanar en algún momento y luego se verán las cicatrices. Eso, si cierras bien el capítulo del sufrimiento. Te aseguro que tus lágrimas, como lo fueron las mías, no son eternas. Luego de la tormenta llegará un nuevo día con la oportunidad de volver a amar y ser amada como merecemos. De eso te puedo hablar porque lo he vivido. Ahora bien, hago un paréntesis para decirte que no olvides que tienes gran valor y que el mismo no depende de otra persona. Si alguien no puede reconocer lo que eres y lo mucho que significas, tal vez sea el tiempo de proseguir tu camino y sanar tu corazón. Cuando ese corazón esté listo, seguramente podrá volver a amar. En ese momento te darás cuenta que todas las piezas se habrán unido nuevamente. ¿Ya sabes qué pedazos necesitas reparar? Entonces, ¿qué vas a hacer?

No podemos quedarnos sumergidas en el sufrimiento y eso es algo que normalmente tendemos a hacer. ¿Por qué si hay esperanza de algo mejor perpetuamos el dolor? Puede que nos estanquemos en el sufrimiento, que nos ahoguemos en un mar de lágrimas y nos aferremos al dolor en vez del amor. No quiero minimizar el dolor que sentí ni el que sienten los demás. Seguramente hay muchas personas que han sufrido más que yo en estos procesos de divorcio. Sí, ciertamente, es triste cuando despiertas y te das cuenta que le entregaste tu corazón a la persona equivocada y que te lo devolvió en pedazos. Todas nos casamos con la esperanza de envejecer junto a la otra persona. Sin duda, el verdadero amor lucha con todas sus fuerzas para mantenerse al lado del ser amado. Cuando alguien decide amar no se rinde y no cambia de opinión de la noche a la mañana.

*"La inestabilidad es parte de la inseguridad".*

Si esa persona no está dispuesta a trabajar con su vida, no podrá amarte porque no puede dar lo que no tiene. Recuerda que para que puedas amar a otro, primero tienes que amarte y ser feliz. Tu felicidad no puede depender de los demás. No te aferres a alguien que no quiere estar a tu lado. He aprendido que no podemos decir te amo con palabras y demostrar lo contrario con las acciones. Ni los detalles, las flores, los cuidados que te puedan dar podrán asegurarte una relación estable. Y, ¿quién no se ilusiona cuando lo tratan bien?, pero lamentablemente nada puede cambiar el corazón del que comparte esos detalles. Si esa persona no sabe lo que quiere, no es feliz; y por ende, no sabe amar. Tal vez tenía la mejor intención, pero no las agallas para luchar. Las palabras de amor las escribió en la arena y las olas del mar las arrastraron, se las llevaron. El dolor es inevitable, pero el aprendizaje es seguro.

Puede que tu corazón esté en pedazos y te sientas sin fuerzas para seguir. Así también me sentí yo. Recuerdo las noches que lloré, grité y que sentía que ya no podía más. Sin embargo, el seguir al lado de una persona que no te ama y no está dispuesta a luchar por la relación va causando una herida tan profunda que es más difícil sanar. Ahí es que debes pensar en tu primer amor, ese primer amor eres tú.

Tienes que salir de ahí. Créeme que tu sufrimiento no será para siempre, el mío tampoco lo fue. Sin embargo, la crisis no comenzó con el divorcio.

*"Es mejor llorar unos días o semanas que estar llorando y sufriendo toda la vida. Suena fuerte, pero no puedes ser la víctima eternamente".*

## En medio de la crisis

Si de crisis vamos a hablar, la verdad es que fueron varios los momentos difíciles que enfrentamos; no puedo dejarlo solamente en el proceso de divorcio. Las crisis vinieron desde el noviazgo, pero esas las ignoré. A penas tenía 18 años cuando inició nuestra relación. Era una niña jugando al amor. A decir verdad, éramos dos niños jugando a amarnos. Ese juego siguió aun después del divorcio y por eso publiqué en mi página de Internet esta pequeña ilustración de lo que sentía a casi cuatro meses del divorcio.

## Juego de amor

*Sube y baja, sube y baja... No podía parar de mecerse y entre carcajadas era evidente su felicidad. Era un capullo que empezaba a crecer. A distancia se escuchaba la risa, era pícara y tierna a la vez. Y seguía en el sube y baja. Sí, la niña jugaba. La inocencia era su dueña cuando le robaste ese primer beso y te amó. Poco a poco te entregó su corazón, el alma, sus sueños y su ser. Contigo vivió los momentos más hermosos y también instantes muy dolorosos.*

*Hoy la vida los lleva por senderos de incertidumbre, no hay un rumbo definido. Los océanos se imponen cual barrera entre los dos. A pesar de la distancia, el recuerdo sigue latente, fue tuya y se entregó a ti con gran pasión. Junto a ti creció, aprendió lo que es el amor y lo que es el perdón. Hoy no sabe si estás, si te fuiste y tampoco puede percibir si volverás.*

*El parque está solo, la niña vuelve a mecerse en el sube y baja. No ve otra alternativa. Sigue jugando, pero las lágrimas aún corren por su rostro y se escucha un sollozo. En su interior no quisiera abandonar esa ilusión que la llevó al cielo y luego al infierno, pues le costó su inocencia. No hay respuesta y la niña desconoce si tiene tu querer o si todo fue un juego de amor.* (Vargas, Más que vivir, 2012)

Toda la incertidumbre que describo en esas palabras la viví durante cinco meses aproximadamente. Ese juego de un día te amo y al otro día no, me había destrozado el alma, pero no finalizó con el divorcio porque aún después se arrepintió de la decisión que había tomado.

Creo que ambos entramos en la etapa de negación. Una relación de una década llegaba a su fin. Tantos intentos de sanar, de luchar, de trabajar por el matrimonio, se iban al precipicio. La verdad es que nadie se prepara para dejar partir a la persona que ama, pero no se puede estar en una inestabilidad emocional permanente porque la salud mental y hasta la espiritual están en juego. A veces amar duele, y soltar al ser que se ama, también. Ahora bien, como mencioné anteriormente, las crisis comenzaron mucho antes del divorcio.

También, te conté que un año antes del divorcio, en diciembre de 2010, yo estaba hospitalizada por mi condición de asma. En pleno hospital escuché: "me quiero divorciar". Mi mundo nuevamente se venía abajo y no entendía el porqué. Su respuesta fue: "ya no te amo". Recuerdo que en el baño del hospital mientras el agua bajaba, mis lágrimas se confundían. Era un dolor desgarrador. Cómo era posible que estando yo hospitalizada, con la impotencia que sentía, podía decirme que quería finalizar la relación. En ese momento no se concretó porque buscamos ayuda profesional. Todo parecía marchar bien. Sin embargo, esa no era la primera crisis grande que enfrentábamos.

## El dolor de la traición

¿Has vivido una traición? ¿Cómo te sentiste? ¿Qué pensaste hacer en ese momento que la noticia llegó a ti?

_____

_____

_____

_____

_____

Desde que llevaba dos años de casada hubo infidelidad. Yo sentí que el mundo se me venía encima. Solamente tenía tres años de casada y la relación la había tenido por un año. Recuerdo muy bien ese día. Buscaba alguna información en la computadora y de momento apareció una tarjeta virtual en la historia de las páginas que se habían visitado. Era una tarjeta de amor y no era para mí, era para otra mujer. Imprimí toda la evidencia que encontré y se la mostré. Me aseguró que no era verdad, que no había sido infiel.

No puedo describir el dolor tan horrible que sentí. Además de la infidelidad, se atrevió a mentir. Yo confié en él, en su amor. Los dos estábamos activos en la iglesia, no era posible que estuviera viviendo una doble vida. ¿Por qué me estaba haciendo eso a mí? ¿Qué hice para merecer algo así? Los cuestionamientos son inevitables, pero cuidado, no podemos caer en el juego de culparnos por los errores de los demás. Fue su decisión serme infiel, independientemente de si yo hubiera hecho algo que lo llevara a esa acción. Él había hecho un compromiso ante Dios, no ante los hombres, y lo falló. No me estaba traicionando a mí, rompió un pacto con el Creador.

En el noviazgo tuve en mis manos una factura telefónica con decenas de llamadas a una mujer, mas no pude confirmar infidelidad. Sin embargo, esta vez no me quedaba duda. Las palabras que se intercambiaban no eran de amistad, eran de amantes que seguramente habían estado juntos en intimidad sexual. Eso lo pude confirmar luego del divorcio, pues se lo volví a preguntar y él lo aceptó; no me podía quedar con esa duda.

La Internet es un arma de doble filo. Quizás los hombres no son iguales, no lo puedo confirmar, pero cuando una mujer se entera de una infidelidad quiere saber cada detalle de lo que pasó. No sé por qué queremos torturarnos de esa manera. Me volví una detective privada, averigüé todo sobre esa mujer: obtuve una foto de ella, la dirección de su casa y su número telefónico. Realmente no iba a hacer nada en contra de ella, pero necesitaba respuestas, así que me hice pasar por él en el chat de Internet para saber lo que había pasado. Ahora siento vergüenza de todo lo que hice, pero me dejé llevar por los impulsos de la inmadurez. ¿Qué resolvía con tener tantos detalles? ¿Podía borrar el hecho de la infidelidad?

Esa fue la primera vez que se mencionó la palabra divorcio en mi hogar y vino por parte mía. No me creía capaz de tolerar una infidelidad, de volver a confiar. Sentía repudio, asco y tantas emociones negativas, que realmente no podía con la carga emocional que representaba ese suceso en mi vida. Ahí comenzamos a buscar ayuda espiritual y profesional. Luego de varias semanas llorando y pensando en el divorcio como la única opción, decidí ver si le podía dar una oportunidad. Si me preguntas hoy si hice bien en ese momento, realmente no lo sé. Posiblemente si terminaba la relación no pasaba por el sufrimiento posterior, pero igual me hubiera perdido de tantos momentos hermosos que pasamos juntos. No puedo borrar el hecho de que fue un buen hombre, con muchas cualidades positivas, a pesar de las fallas que ocurrieron.

Sanar no fue fácil, perdonar y volver a confiar menos. Especialmente esa última parte de restablecer la confianza. No recuerdo haber sido celosa y desconfiada tan fuertemente hasta después de esa experiencia. No podía estar en paz. Hice que cambiara hasta su número de teléfono. Le pedí todas las contraseñas de sus correos electrónicos, etc. Fueron muchos años de consejería y terapia antes de que pudiera sentir que ya podía volver a confiar en él, pero lo logré. Al punto que estuve un mes fuera del país, pues me gané una beca para un adiestramiento de mejoramiento profesional y no me sentí insegura; estuve en paz.

Lo que no sé es si cuando nos divorciamos ya estaba saliendo con otra mujer. Sí tenía acceso a su cuenta de banco y a la tarjeta de crédito y le cuestioné una salida a un restaurante y me dijo que había ido con una mujer, pero que no había pasado nada. No puedo confirmar si el divorcio se debió a infidelidad.

Ahora bien, durante el matrimonio muchas parejas viven otro tipo de infidelidad y culturalmente se tiende a aceptar. Aun en las iglesias muchos hombres caen en la tentación y afectan sus relaciones. Las mujeres también tienden a sucumbir, pero en esta ocasión hablaré más de los caballeros.

Desde niños muchos latinos se exponen a la pornografía. Ese tema es un tabú en algunos lugares; en otros no es visto como algo que pueda afectar la relación. Es un tema muy controversial, pues hay diferentes puntos de vista: unos a favor y otros en contra. Yo lo abordaré desde mi formación conservadora. No es el tópico del cual quisiera exponer, pero veo la pornografía como una forma de infidelidad y quiero explicarte por qué. La fidelidad es lealtad a tu pareja en todos los aspectos: emocional, físico y sexual. Ese amor que se tienen lo comparten en todo momento de manera que satisfacen todas sus necesidades, incluyendo la sexual.

Por lo tanto, no hace falta que ninguno de los cónyuges se expongan a la pornografía para satisfacer sus necesidades sexuales, porque esa parte está cubierta en el matrimonio. Aunque no he expuesto mis principios cristianos como la base fundamental del libro creo que está implícito en todo el escrito. Para los cristianos la fidelidad también debe darse mentalmente porque se menciona que el adulterio se da hasta con los pensamientos. De ahí mi teoría de que todo lo que satisfaga sexualmente a la pareja debe darse en el contexto del matrimonio y no fuera de éste.

Aunque las estadísticas muestran que la pornografía se consume más por el hombre que por la mujer; ambos están expuestos y podrían caer en la adicción. La pornografía muestra la relación sexual de manera distorsionada e irreal. Hace que la persona que la consume sienta insatisfacción en las relaciones sexuales con su pareja. La pornografía es un enemigo silencioso que destruye matrimonios. Muchos hombres son expuestos desde muy joven a ese tipo de material y aun casados, cuando sus esposas se duermen, se exponen a ese material. Comienzan con películas, páginas de Internet, hasta que caen en *chats* y deciden ir a conocer a las personas con las que intercambian palabras, fotografías y videos con contenido sexual.

Esto es algo que es culturalmente aceptado, especialmente entre la comunidad latina. Sin embargo, todo lo que lleve a la pareja a distorsionar la realidad de la sexualidad y la pureza que conlleva ese acto no debe aceptarse en el matrimonio. Si estás atrapado o atrapada en la pornografía busca ayuda, no es saludable para ti, ni lo será para tu relación. Puede que haya comenzado con visitar una página *web*, o conectarte con personas a través de *chat* o viendo revistas, películas, etc. Quizás lo hiciste inicialmente por curiosidad, pero ya no lo puedes detener y cada vez necesitas más. Se ha convertido en una adicción.

Existen varias banderas rojas que pueden alertarte sobre si tu pareja está consumiendo pornografía:

**1.** Pasa mucho tiempo en la computadora, celular, tableta u otros aparatos tecnológicos.

**2.** Despierta de madrugada para ver televisión.

**3.** Solicita a la pareja posiciones sexuales fuera de lo común o que la esposa no está de acuerdo.

**4.** Su computadora o celular se contamina con virus con contenido sexual.

**5.** Pierde el interés sexual en su esposa y la cantidad de encuentros sexuales se reduce.

Ya sean actores, actrices o personas reales que se presten para exponerse sexualmente en la Internet, el que consume ese material pornográfico estando casado, es infiel, no hay otra forma de llamarlo. Cuando una mujer descubre a su esposo en este tipo de ejercicio le duele, pues la hace sentir que no es suficiente para satisfacer sus necesidades sexuales. Una persona que te ama no tiene por qué sustituir el placer de tenerte por otra fuente, ya sea física o virtual. ¡No lo aceptes! Ese dolor lacera la autoestima. Así que ese sufrimiento se acumula hasta que el corazón ya no puede más.

Hay personas que por mantener una relación permiten situaciones que le causan dolor; ya sea maltrato físico, sexual, verbal; infidelidad y tantas otras cosas. No caigas en esos juegos. No permitas que nadie te menosprecie, te hiera, te quite el lugar que te corresponde. Tú vales y eres importante.

¿Qué te ha causado dolor? Solo te puedo decir que llorar es importante para poder comenzar a sanar. Mi pastora, mi mejor amiga y dos o tres amigas cercanas fueron las que me vieron llorar amargamente; las que me acompañaron en mi dolor. Es importante rodearse de amigos y consejeros espirituales y profesionales que nos ayuden a levantarnos, que sequen nuestras lágrimas y que nos animen a seguir adelante. ¿Cuánto dolor hay en tu corazón que no has podido sacar? ¿Tienes un nudo en tu garganta y quieres proyectarte fuerte? ¡No te engañes más! Reconoce que te duele, llora, limpia tu alma y tu corazón. Lo que sí te puedo decir es que ese llanto no puede ser permanente. Mi mayor recomendación es: de la relación atesora los momentos bonitos y lo que aprendiste, pero saca todo lo que te lastima y permite que Dios pueda restaurar tu corazón para que puedas volver a amar.

"Llorar es parte del proceso para limpiar tu corazón".

# CAPÍTULO 4
# El punto final

## Se rompió el pacto

Tomados de la mano, frente al altar de la iglesia; yo de 22 años y él de 24 años, hicimos un pacto ante Dios y ante nuestros familiares y amigos. Fueron dos los pastores que efectuaron la ceremonia. Uno de ellos le dijo: "...¿toma usted a Elizabeth como su legítima esposa, para vivir juntos en el santo estado del matrimonio, según lo ordenado por Dios? ¿Promete amarla, honrarla y cuidarla en enfermedad y en salud, y rechazando a todas las demás mujeres, serle fiel mientras vivan los dos?". "Sí", contestó.

El pastor me hizo las mismas preguntas; yo también me comprometí. Así prosiguió la ceremonia: "Yo..., te tomo a ti Elizabeth Vargas, como mi legítima esposa, para que los dos seamos uno solo desde este día en adelante, para bien o para mal, en riqueza o en pobreza, en prosperidad o en adversidad, para cuidarte y amarte hasta que la muerte nos separe". Entonces, ¿qué pasó? ¿Cuándo la muerte había llegado a nuestras vidas? Sí, porque el pacto era hasta la muerte. Y viene a mi memoria que en cada actividad de matrimonio nos recordaban las palabras de la Biblia que dicen que lo que Dios unió no lo separe el hombre, pero al parecer alguien lo había olvidado.

## Enfrentando el divorcio

Esos días en los que esperaba que él tomara una decisión final fueron interminables. Días antes de mi cumpleaños, a finales de agosto, me dijo que quería el divorcio. Los primeros en conocer la noticia fueron nuestros pastores. Llamé a la pastora y le dije que él quería hablar con el pastor porque quería divorciarse de mí. Fue como si le hubiera derramado un balde de agua fría. Ella es más que una pastora, es mi amiga y madre. Permanecer neutral no le fue posible. La reunión se dio en un ambiente tenso y de cuestionamientos. Era realmente increíble para ellos. Yo tampoco podía salir de mi asombro. Les dejé saber lo destrozada que estaba y la impotencia que sentía. Abrí mi corazón y dije todos mis temores. Frente a ellos me quebré y lloré amargamente. Les dije que sentía como si hubiera muerto; era un dolor que no podía explicar con palabras.

¿Para qué ocultar o fingir que no estaba sufriendo? Lo amaba y una decisión así no lo iba a cambiar. Nadie puede dejar de amar de la noche a la mañana. No fue hasta el fatal 11 de septiembre que abandonó lo que había sido nuestro hogar, pues tomó unos días para enseñarme a manejar el auto; uno de los principales retos a los que me enfrentaría. En esos momentos todavía la separación no era definitiva, era un tiempo para que él pensara si realmente se quería divorciar. Claro, no podía ser un periodo indefinido; esa fue la recomendación de la psicóloga. Así que en un mes debería darme una respuesta final. Establecer límites es uno de los procesos más difíciles que se nos hace a los humanos, no sé explicar el porqué. Quisiéramos que la vida fuera sencilla, fácil y que pudiéramos quedar bien con todos.

Esas semanas fueron las más largas y angustiosas que había vivido hasta ese momento. ¿Cómo dos líderes de la iglesia deciden terminar con un matrimonio que parecía perfecto? ¿Qué pasaría por la mente de los jóvenes a los que liderábamos y la de los hermanos con los que compartimos por tantos años? Sí, son preguntas inevitables. Normalmente en las iglesias se piensa que los pastores y los líderes son perfectos, que no pasan por situaciones difíciles; que no enfrentan crisis. Y no es así, son tan humanos como los demás. La triste realidad es que muchos llevan en silencio crisis que les ahogan y no las solucionan.

En otros casos, los líderes o pastores están tan ocupados *"haciendo la obra de Dios"* que se olvidan de sus necesidades, de sus familias, de resolver sus problemas y cuando se dan cuenta es demasiado tarde. Claro, yo creo que mientras hay vida existe la esperanza de un nuevo comienzo, pero a veces no es así. Esto ocurre también a nivel laboral. Puede que muchas personas sean muy exitosas, pues han alcanzado posiciones privilegiadas en sus trabajos. Yo también fui una de ellas. El trabajo también les ocupa demasiado tiempo y no logran establecer un balance entre su vida personal, profesional, etc. Si siembras una misma planta en tres canastas distintas y a una le echas agua y la cuidas, obviamente esa es la que va a crecer y sobrevivir. Así son las diferentes áreas de nuestras vidas; solamente la que cuides es la que va a crecer y sobrevivir.

*"Si cuidas el amor tiene que crecer".*

La vida continúa y en el proceso de separación seguí mi rutina: iba a la iglesia, a mi trabajo, compartía con amigos y familia. La mayoría de ellos no sabían lo que estaba ocurriendo y así lo quise mantener. Sin embargo, años después puedo decir que el callar me dolió más. Aunque uno quiera ser fuerte, el alma se consume por dentro y hasta la productividad se afecta. No puedo decir que la vida es igual porque realmente no lo es. Poco a poco todo se torna distinto y la verdad es que se necesita esa transformación.

Para que se produjeran cambios debían ocurrir decisiones y él no acababa de tomarlas. Así que yo me asesoré sobre el proceso de divorcio y lo llamé para preguntarle si estaba seguro de que quería hacerlo. Su respuesta fue un rotundo sí. Así que le propuse que fuéramos al tribunal para iniciar los trámites. Yo lo conocía bastante bien. Si él lo hacía podían pasar meses en la angustiosa espera.

Hay un refrán que dice: "al mal paso darle prisa". Eso fue precisamente lo que hice. Fue un 7 de octubre del 2011 y para nuestra sorpresa nos dieron la fecha del 14 de octubre para el divorcio. La verdad yo no lo podía creer. No sé si has pasado por la muerte de algún familiar o amigo querido. Esas primeras semanas de negación en las que sientes que estás soñando, que es una pesadilla, que no ha pasado nada; pues así mismo me sentía. Sin embargo, llegó el día y no tuve otra opción que aceptar el final de la relación.

## Cerrando el capítulo

El día después de mi divorcio tenía que hablar de lo que estaba viviendo, pero no encontraba la valentía para hacerlo de frente. Decidí publicar una reflexión sobre los puntos finales de nuestra vida porque el divorcio no es lo único que nos toca, en ocasiones, concluir. Quizás estás viviendo o has vivido un momento en el que tienes que tomar una decisión difícil que no quieres o no puedes afrontar. Tú, como yo, eres un ser humano que puede experimentar emociones y sentimientos encontrados. Ciertamente, la vida no es un jardín lleno de rosas sin espinas.

No sé qué puedas estar pasando o qué pasaste. Tal vez, ha llegado el fin de un trabajo al que le dedicaste lo mejor de ti, una relación amorosa o de amistad está por terminar. Una enfermedad te está quitando la vida o se quiere llevar la de un ser al que amas. Pueden ser muchas las dificultades que nos toca vivir y quizás no tenemos

"Las rosas más bellas y hermosas tienen las espinas más grandes y gruesas".

ayuda espiritual y profesional. Únete a personas que te apoyen, te animen y te llenen de fortaleza. Más adelante te contaré un poco de lo que hice para seguir con mi vida después del divorcio. Algunas de esas estrategias también las he utilizado en otras crisis que me han tocado vivir.

Cada proceso que experimentamos tiene consigo una gran enseñanza. En el momento no lo podemos ver porque las tinieblas nos arropan, pero con el tiempo la tormenta pasará y volverá a salir el sol. Ahí podrás mirar atrás y comprender mejor lo que aprendiste. El punto final es aceptar que el trabajo, la relación o cualquier otra experiencia terminó. Es asimilar que hay una enfermedad con la que tenemos que trabajar y aún en medio del dolor, vivir intensamente lo que nos queda a nosotras o con el familiar que la está sufriendo. Es darte el valor que tienes y el respeto que mereces.

Sin duda alguna, ni tú ni yo queremos vivir momentos desagradables; que nos hieran, lastimen, humillen o denigren. Pero son esos instantes los que van formando nuestro carácter y al final nos muestran las capacidades que tenemos, los recursos que nos rodean y nos llevan a una nueva oportunidad, donde nos sentiremos mejor. El Creador nos ha dado la capacidad para hacer frente a todo lo que nos toca vivir, aunque a veces nos sentimos desfallecer. Entonces, ¿qué nos impide poner un punto final? El temor o miedo a lo desconocido, a encontrarnos en soledad, a vivir experiencias distintas, a separarnos de lo que amamos. También, puede que nos detenga la costumbre a la rutina diaria.

Un punto final no es el fin en sí mismo. Es la conclusión de una etapa para dar paso a otra, donde también podrás experimentar los momentos más maravillosos. Aunque en algunos instantes sentirás la tristeza de concluir ciclos, es necesario. Pero recuerda que después de ese punto iniciará otra oportunidad porque en la novela de la vida hay muchos capítulos. Una vez pongas el punto final, si lo hiciste basado en un buen análisis y una toma de decisión correcta, las consecuencias serán positivas y tu vida se llenará de paz y bendición. Así lo experimenté yo. Una vez puse el punto todavía me tocaba aceptar y asimilar la etapa que estaba viviendo.

Recuerdo algunas de las etapas del duelo que viví porque el divorcio es una pérdida que requiere un periodo de luto. Por lo menos experimenté tres: negación, depresión y aceptación. Sin embargo, te explicaré un poco de qué tratan. Primero la negación: eso no me puede estar ocurriendo a mí; no es posible. Luego la ira: por qué a mí y todo el coraje que eso encierra. Después la negociación: se piensa si eso no hubiera pasado o si tal vez se hubiera hecho tal o cual cosa distinta con la esperanza de ver cambios. Posteriormente la etapa depresiva en la que reconoce la pérdida, que ya él se ha ido y no volverá y se llora. Finalmente llega el momento de aceptar la realidad de lo que estás viviendo y seguir adelante.

"Necesitamos poner puntos finales para iniciar nuevas etapas".

## Estoy divorciada

¡No más máscaras! En abril de 2012 me atreví a anunciarlo públicamente. No quería, pero llegó. Sí, soy una mujer divorciada y con ese título llegaron muchas etiquetas y cuestionamientos de la sociedad, la familia, los amigos, en fin, de cualquiera que seguía mi vida de una forma u otra. Tenía que confesarlo, no podía seguir guardando ese secreto tan difícil y doloroso. A las personas que compartían con nosotros les dolió esa separación: se sintieron tristes, defraudados, sorprendidos, decepcionados, querían saber lo que pasó y quizás lo hicieron con la mejor intención. Si conoces a personas que están viviendo ese proceso te puedo decir que hay que respetar la vida y las decisiones que toman. Hay un refrán puertorriqueño que dice: *"solamente sabe lo que hay en la olla el que la menea"*. En otras palabras, solo esas dos personas están al tanto de lo que pasó.

Los que me conocen saben que tuve un matrimonio feliz, claro con las altas y bajas que toda pareja experimenta. Salvo los problemas ya expresados, él fue un hombre maravilloso. Y mis confidentes y amistades más cercanas pueden confirmar que cada vez que tuvimos una crisis, busqué ayuda espiritual y profesional para trabajarla. Me mantengo diciendo que todo ese apoyo funciona cuando ambas personas están dispuestas a trabajar la situación y no lo hacen por obligación. Afirmo que cada matrimonio debe buscar esas herramientas cuando enfrenta situaciones difíciles que no sabe manejar.

*"El apoyo emocional, profesional y espiritual funcionan en la medida en que abramos el corazón, lo recibamos y hagamos cambios para mejorar".*

Siempre he promovido el bienestar de la pareja, el luchar por la relación porque creo en el amor. En muchas ocasiones trabajé el tema del matrimonio y sigo pensando lo mismo con respecto a ese pacto que hacemos ante Dios y los hombres. Yo también quería que mi matrimonio durara hasta que la muerte nos separara. Pensé envejecer al lado del que hoy es mi ex esposo, pero no siempre las cosas ocurren como planificamos.

Cuando escribí sobre mi divorcio en el *blog*, les confesé a los lectores que era un tema del que no quería hablar porque el proceso es muy difícil y entendía que no tenía que ventilar mi situación sentimental. Si lo hice fue como parte del camino hacia la sanación y porque ciertas circunstancias me obligaron a romper el silencio. Entre ellas estaba que los cientos de contactos que él tenía en su *Facebook*, incluyendo mi familia y amigos, comenzaron a ver publicaciones de otra mujer en su página. No podía tapar el cielo con la mano. Ya habían pasado cuatro meses del divorcio y públicamente no se sabía.

> "Una ruptura matrimonial es una pérdida en la que se llora y se sufre porque con ese divorcio se van todas las ilusiones y los sueños construidos".

Si escribo sobre lo que viví, lo hago simplemente para que mis experiencias ayuden a otros que estén pasando por procesos similares. No es mi intención ventilar mi vida públicamente con otro propósito; sólo compartir aquellos detalles que puedan contribuir como una herramienta para otros que estén viviendo situaciones similares. Aquí no quiero hablar de él como el único culpable, porque un matrimonio es cuestión de dos. Y son esas dos personas las que conocen realmente lo que sucedió y la responsabilidad que corresponde a ambas.

Si quiero hablarte sobre el costo del divorcio, los prejuicios de la sociedad, la familia y las diferentes etapas que se pueden vivir. De mi proceso puedo decir que la ayuda espiritual y profesional fue fundamental para mantenerme de pie. Sé que a muchos les cuesta creer que una persona que dé conferencias y dinámicas para matrimonios, que tenga mis principios, valores y creencias pase por un divorcio, pero nadie está exento. Sí, estoy divorciada.

Mi vida no terminó, al contrario, entré en un nuevo nivel. Soy feliz porque Dios ha estado conmigo en cada etapa de mi existencia, no me ha dejado y mis circunstancias no determinan quién soy. Lo que valgo y hacia dónde voy a llegar, eso lo define el Creador. Soy suya y mi ser le pertenece. Lo que viví fue doloroso, pero para los que aman a Dios todas las cosas obran para bien. Sé que mis vivencias han sido de bendición a mujeres que también les ha tocado enfrentar el divorcio y todos los prejuicios, señalamientos y sufrimientos que conlleva.

## Estamos divorciados

Fue una sorpresa muy amarga para todos los que nos conocían. Ya les conté que en la iglesia éramos líderes. Su corazón noble y humilde se ganó a todos cuando nos casamos. Él venía de otra iglesia y se cambió para allí. Los pastores eran nuestros amigos cercanos, los jóvenes y juveniles eran nuestros hijos espirituales. Por muchos años fuimos parte de la Junta de Gobierno de la iglesia y ocupamos otras posiciones importantes, lo que nos llevó a ganarnos el cariño de todos. Imagina el dolor que les causamos. La relación con ellos no se limitaba a los servicios en el templo, teníamos actividades extracurriculares, celebrábamos actividades especiales en las navidades, en verano y tantas cosas. Eran nuestra familia extendida.

Lo mismo ocurrió en mi lugar de trabajo. Allí teníamos un círculo de amigos que eran como nuestros hermanos. Él siempre me apoyaba en todas las actividades extracurriculares de la oficina que yo dirigía. En muchos eventos importantes, fue parte de los voluntarios que participaban en la logística, etc. Desde el presidente de la universidad, decanos, profesores, hasta los empleados de mantenimiento lo conocían. Con muchos de nuestros amigos, al igual que con los hermanos de la iglesia, pasábamos tiempos hermosos en los cumpleaños de los niños y otras celebraciones importantes fuera del área laboral. Te preguntarás, ¿cómo si lo describes así se pudieron divorciar? Cosas de la vida que no tienen o que es mejor no dar mucha explicación.

No dudo que fuimos una pareja ideal, que vivimos lindos momentos y que si hubiéramos querido y luchado un poco más, tal vez la relación se podría haber salvado. Sin embargo, en ocasiones el problema no está solo en la relación. Hay heridas del pasado que vienen de la familia extendida y que si no son sanadas repercuten en el futuro y no te permiten funcionar efectivamente en los diferentes escenarios de la vida. Así que si estás viviendo una crisis de pareja, podría ser consecuencia de problemas no resueltos de tu niñez, de tu familia y tantas otras cosas que no están relacionadas necesariamente con tu pareja. Como profesional de la conducta humana lo he podido confirmar.

En fin, regresando al tema de los escenarios donde compartíamos constantemente, todos estábamos con el sentimiento de pérdida; en ese periodo de luto que era inevitable. Los que confiamos en Dios, teníamos la esperanza de que a pesar del divorcio pudiéramos volver a restaurar el matrimonio, aunque usted no lo crea. No quería poner el punto final. Así pasa en muchas situaciones de nuestras vidas. Nos toca culminar y no queremos, nos negamos aunque nos estemos haciendo daño. ¿Por qué nos cuesta cerrar capítulos?

## Los límites del amor

Yo tuve que poner límite al tiempo que le daría a él para que pensara si se iba a divorciar. Luego tuve que volver a poner límites en el tiempo que le di para que buscara ayuda, aun después de divorciados, por si todavía había la oportunidad de regresar y retomar la relación.

Para hablar de los límites, primero hay que hablar del amor; una palabra profunda que muchos expresan, pero pocos conocen el significado. ¿Debe haber límites para el amor? En algunas ocasiones hay que pensar si esa relación que dice estar fundada en amor te hace bien o te hace mal. No dejo de insistir que creo en el amor y en el matrimonio, según lo establece Dios, eso no cambiará, pero en mi vida llegó el momento que tuve que aceptar la petición de divorcio.

Luego de muchos años de terapias, consejerías, talleres y retiros; puedo concluir que cada lucha que di por salvar mi matrimonio no fue en vano, a pesar de los resultados. A todo el que quiera preservar una relación, le aconsejo que lo haga. Muchos podrán decir que si hice todo eso y me divorcié no funcionó todo el proceso de terapia, pero mi matrimonio no se destruyó por falta de consejos y búsqueda de ayuda. Simplemente las dos partes deben estar alineadas y enfocadas en cumplir con el pacto que hicieron ante Dios. Nadie puede obligar a otro para que eso ocurra. Entonces, ¡hay que poner límites!

El autor Walter Riso en su libro *Los límites del amor* explica que no podemos querer a cualquier precio y mucho menos mantenernos en una relación que esté llena de maltrato, frustración y humillaciones porque eso no es amor. Teniendo eso en cuenta, si una relación no saca lo mejor de ti, te hace crecer y te enriquece; tienes que evaluar qué está pasando ahí. Muchos piensan que el maltrato es solo golpes, pero hay muchas maneras de violentar nuestra esencia, nuestras emociones y denigrar quiénes somos. ¿Eso es lo que debemos esperar de una relación?

Los límites pueden incluir inicialmente una conversación, siempre y cuando ni nuestra vida ni la de los hijos esté en peligro. Es importante que la pareja sepa cómo te sientes con su comportamiento y que no estás dispuesta a aceptar ese tipo de trato. Si la conducta se vuelve repetitiva y está lacerando tu autoestima es momento de buscar ayuda profesional y espiritual. Yo recomiendo ambas porque somos espíritu, alma y cuerpo. Cada área de nuestra vida debe estar cubierta.

Finalmente, si uno no ve resultados, hay que revisar los límites y pensar en nuestro bienestar. Si hay hijos de por medio también es importante ver por ellos. Cuando una relación llega a su punto final, uno siente que el mundo se le viene encima y cuestiona dónde quedaron tantos sueños y promesas. En lo más profundo de mi ser yo también conservaba una esperanza de que la persona a la que amé con todo mi corazón decidiera buscar toda la ayuda espiritual, emocional y profesional que necesitaba para sanar su corazón y de esa manera poder restablecer la relación. Que lo hiciera por él, no por mí, y que reconociera que necesitaba buscar apoyo en los aspectos antes mencionados, pero eso no ocurrió.

## ¿Arrepentimiento?

A la semana del divorcio hubo flores, canciones como: *El verdadero amor perdona* y *Tú de que vas*, y un supuesto arrepentimiento. Por varios meses, también, mis oídos escucharon más promesas, mi corazón volvió a ilusionarse con los sueños que le ofrecían, pero con palabras no se construye lo que un día se destrozó. Hacía falta acción y que trabajara de forma definitiva con lo que necesitaba arreglo en su interior.

No había golpes, ni peleas, todo parecía estar bien. Hubo sus crisis, como todo matrimonio, pero se buscó la ayuda necesaria para poder enfrentarlas y continuar. Sé que amé con todas las fuerzas de mi corazón, al punto que traté de salvar un matrimonio que agonizaba ante la inestabilidad del ser al que le entregué mi vida. No había maltrato físico, pero sicológicamente me iba hundiendo porque un día decía amar y luego expresaba no sentir amor. De momento las demostraciones de cariño desaparecían. La consejería es efectiva si la persona está dispuesta a hacer cambios por su bienestar y el de la relación. Eso no estaba ocurriendo.

## Una conducta repetitiva

En dos circunstancias distintas decidió terminar la relación durante el noviazgo. Muchos años después, en el matrimonio volvió a ocurrir, pero en ambas ocasiones el divorcio fue su petición. Me dolió, claro que sí. Lloré amargamente, con sollozos; pensé desfallecer. Mas llegó el día en que tuve que poner en una balanza si yo quería seguir escuchando un "te amo" hoy y al día siguiente "no te amo". Tuve que reconocer el valor que tengo, que me dio Dios y decidí amarme tanto que no podía permitir que su indiferencia, inestabilidad, dejadez ante los asuntos importantes de la vida y su falta de amor me lastimaran cada vez más.

Si algo aprendí fue que la relación con Dios es fundamental. Cuando uno se aleja del Señor toda su vida se vuelve un caos y en vez de tomar decisiones sabias se deja llevar por los impulsos como un adolescente. La inmadurez con la que reaccionaba llevó su vida fuera del propósito de Dios. Las consecuencias para mí eran evidentes. Las dificultades de la vida y la falta de protección ante la inestabilidad que vivía me llevaron a una depresión, me volví débil emocionalmente y requerí de ayuda profesional. Hay personas que viven situaciones de maltrato, infidelidad, mentiras, entre otras cosas y a la pareja no le interesa cambiar. Si estoy describiendo tu caso, es hora de pensar en ti y en tu bienestar, aunque te duela.

Hace unos años tal vez mis lágrimas hubiesen aflorado, porque viví cada palabra que encierra el dolor de perder al hombre al que le entregué mi vida, mis sueños e ilusiones. Hoy puedo decir que en algún momento albergué la esperanza de que no muriera la pasión y el amor que le tenía. Era un amor sin límites. Pero la resignación llegó y me tocó decir adiós. Enfrenté el divorcio con la ayuda espiritual y profesional que esto requiere. Ya no hay llanto, siento paz y felicidad. Con el tiempo, al mirar atrás veo solamente un bonito y amargo recuerdo: una mezcla entre miel y hiel. De algo si estoy segura, no le guardo rencor y ya lo perdoné porque él no me rechazó a mí, él rechazó el pacto que hizo con Dios, que fue quien me puso en su camino. Lo que Dios unió lo separó el hombre que amé y tuve que poner un punto final.

"A veces hay que dejar que algo muera para ver el nacimiento de una bendición más hermosa".

# CAPÍTULO 5
# Yo también fallé

¿Escogí al hombre ideal? ¿Soy yo la pareja ideal? Quiero que contestes esas dos preguntas, pero que lo hagas con sinceridad. No utilices una careta queriendo aparentar lo que no eres. Tú y yo somos humanos; igualmente esa persona con la que te casaste o te uniste. ¿Cuáles son tus expectativas en una relación? ¿Esperabas perfección? ¿Diste tú perfección?

Muchas veces escucho mujeres y hombres justificando sus acciones y soltando veneno por sus bocas cuando hablan de sus exes. Tengo que decirte algo que puede sonar fuerte, pero no tengo otra forma de decirlo. La decisión de unirte a esa persona la tomaste tú y tú eres responsable de las consecuencias de tus decisiones: sean positivas o negativas. Antes de seguir por la vida renegando del diablo de hombre que es tu ex, pregúntate cuáles son tus características, cualidades y fortalezas. También, haz una lista de tus debilidades, de esas áreas que son muy difíciles de manejar y que te causan problemas contigo y con los demás. No hay nada mejor que ser sinceros con nosotros, ¿para qué mentirnos? Piensa en cuáles son las características de la mujer y del hombre ideal, idóneo. ¿Cuáles tienes tú, cuáles tiene tu pareja?

## Ideal versus idónea

Ahora bien, quisiera hablar un poco sobre ser la persona ideal versus ser la persona idónea. ¿Cuál eres tú? En mis talleres, me gusta llevar a los participantes a confrontarse con su realidad. A veces esperamos tanto de los demás, pero no somos capaces de dar lo que exigimos. Veamos entonces la diferencia entre ideal e idónea. Es realmente interesante cuando vemos las definiciones que da la Real Academia Española sobre ambos conceptos:

> "**Ideal** – *Perteneciente o relativo a la idea. Que no existe sino en el pensamiento. Que se acopla perfectamente a una forma o arquetipo. Excelente, perfecto en su línea.* (Real Academia Española, n.d.)

> "**Idónea** - *Adecuado y apropiado para algo.* (Real Academia Española, n.d.)

El ideal es algo que nos formamos en nuestra mente, que creamos, tal vez a base de nuestras expectativas. Sin embargo, lo idóneo es aquello que se puede ajustar a las necesidades del otro. Muchas personas van por la vida en la búsqueda de la persona ideal cuando ellos no pueden serlo. Es más, ni siquiera se preocupan por sanar y prepararse para ser idónea, esa persona que no es perfecta, pero trata de dar lo mejor de sí para suplir las necesidades de la otra persona. En una relación hay dos seres imperfectos que luchan por hacer feliz al otro sin dejar de ser felices ellos. No podemos perder la individualidad, los sueños y las metas que un día nos trazamos. En el proceso del matrimonio fusionamos muchas de ellas, posponemos algunas, acomodamos otras, pero renunciar a ser nosotros es como decidir morir en vida. Es algo que debemos establecer porque en momentos de separación muchas personas no saben quiénes son, no se pueden reconocer y andan pérdidas en el camino de la vida.

Volviendo al tema de lo ideal y lo idóneo, ni él ni yo éramos perfectos. Quizás he usado el término de pareja ideal porque es lo que popularmente se conoce, pero aquí me gustaría afirmar que más que ideal fuimos una pareja idónea. Nos amamos con nuestras altas y bajas. Claro, que en un momento dado la relación dejó de funcionar, pero eso ya lo hemos hablado y lo ampliaremos más adelante. Aquí quisiera desnudar mi corazón y mostrar mis áreas más débiles. Sí, ¿por qué no? Ser profesora, tener preparación en conducta humana, haber ocupado posiciones de liderato tanto en la iglesia, en la comunidad como profesionalmente no me hacen una persona exenta de tener defectos. Gracias a Dios y a excelentes profesionales, son áreas con las que estuve trabajando y pude superar. Algunas puede que todavía necesite reforzar, pero de eso se trata la vida, de caer y levantarse. Y yo soy igual que tú.

En ocasiones fallo y tengo que repetir la lección para ganar mayor aprendizaje. En ese caminar he tenido que aprender a aceptar la responsabilidad que me corresponde sin aferrarme a una culpa que lacere mi autoestima.

## La culpa es huérfana

No creo que haya alguna persona que le guste decir: 'yo tengo la culpa de lo que pasó'. La verdad es que nadie quiere asumir esa responsabilidad. Ahora bien, una relación es de dos, no lo olvides. El hecho de reconocer que yo también fallé en muchos aspectos no me hace menos que los demás ni justifica las equivocaciones de la otra persona. No me quiero presentar en el papel de víctima, pero tampoco en el de victimaria o culpable. Sí, yo fallé. Él se equivocó. Los dos fracasamos y no pudimos trabajar para enmendar esos errores y continuar.

"El aprendizaje es el mayor tesoro que te dejan los errores".

Esta parte del libro para mí es muy importante. No pretendo que reconozcas tus errores para que sientas autocompasión y te culpes el resto de tu vida por situaciones que ya no se pueden corregir. La verdad es que sería maravilloso poder ir al pasado y borrar todo lo que hicimos mal, pero no es así. ¿Qué puedes hacer? Primeramente hay que reconocer que todos cometemos errores, somos humanos y no existe nadie perfecto. Sin embargo, si leer este capítulo te lleva a reflexionar sobre áreas que puedes mejorar, ¡adelante!

## Mis berrinches

Uno de mis errores creo que fue producto de mi inmadurez y de conductas aprendidas. Dicen que lo que uno vive, lo aprende y lo repite. En mi casa vi las constantes discusiones de mis padres. Es más, casi no recuerdo, por no decir que no recuerdo, un día en que no hubiera una discusión. Quizás eran situaciones sin importancias, pero como niña me afectó mucho. Aprendí a discutir y tratar de imponer mi punto de vista cada vez que quería ser escuchada sobre un tema. Exponía mis argumentos insistentemente, hasta el cansancio. Eso fue lo que vi y lo copié muy bien. A pesar de que mi papá decía que, "para pelear se necesitan dos", se quedaba solo en un mensaje, no lo practicaba. Así que cada vez que él y yo teníamos una diferencia, yo me encargaba de presentar mis argumentos aunque él no me quisiera escuchar. Seguía insistiendo hasta cansarlo. Ya había mencionado que él huía de la confrontación.

Gracias a Dios no teníamos muchas discusiones, pues él era muy tranquilo y yo no quería repetir lo que viví en mi hogar cuando era niña y adolescente. Sin embargo, si algo puedo recordar como uno de los errores que cometía debido a mi inmadurez y a las experiencias de mi infancia eran los eternos berrinches, como dije anteriormente, y lo hacía hasta que me saliera con la mía. Con el tiempo aprendí que es necesario dar el espacio a la otra persona para que procese lo que ocurrió y analice qué posición asumirá. Los problemas no necesariamente hay que resolverlos en el momento. Hay situaciones que se deben dejar enfriar y evaluar antes de solucionar. Lo importante es que haya *comunicación efectiva y asertiva.* Debemos utilizar el canal adecuado, el momento preciso y decir las palabras correctas. Hoy día se tiende a utilizar excesivamente los mensajes virtuales, textos y las redes sociales. Definitivamente nada sustituye una conversación cara a cara. Quizás puedes utilizar un lugar neutral. No debemos atacar a la persona, sino decir cómo nos sentimos por la situación que ocurrió o está pasando. Esa es la clave para que el problema se pueda resolver adecuadamente. Lo que no debemos hacer es acostarnos con el coraje. Es difícil establecer un punto en el que estemos tranquilos aunque no haya una solución definitiva, pero podemos ponernos de acuerdo en que más adelante tomaremos una decisión.

## ¿Dependiente o acostumbrada?

Ciertamente he sido una mujer muy independiente, pero luego del divorcio me cuestioné si realmente lo era o si había caído en una relación de dependencia. Recuerdo haber leído el libro de Walter Riso *Amar o depender* porque llegué a la conclusión que en algunos aspectos de mi vida me había vuelto codependiente. Realmente me preocupé, pero luego de unas conversaciones con mi sicóloga, me di cuenta que aunque dependía de él en muchas actividades no cumplía con los síntomas de una persona codependiente. Normalmente, el término de codependiente se adjudicaba a familiares de alcohólicos o drogadictos. Esas personas se olvidan de sus vidas, renuncian a su identidad y se dedican en alma y cuerpo al enfermo; a pesar de que la conducta de ese familiar le afectaba. Uno de los objetivos de vida de una persona codependiente es salvar a otra que tiene un vicio o problema y que no desea salir de esa situación.

A veces asumimos el papel de salvadoras del mundo,

queremos salvar a todos los que sufren a nuestro alrededor y más aún a los que amamos. Un sicólogo una vez me confrontó porque yo, inconscientemente, me sentía responsable de salvarlo a él emocionalmente. Con una maestría en Trabajo Social, dando conferencias a matrimonios, hablando de autoestima, de sanidad interior y tantos otros temas, quería lograr que él pudiera sanar su pasado y ser feliz. Eso no me correspondía a mí y yo no lo podía aceptar. Nosotros somos responsables de buscar ayuda para trabajar las áreas que tenemos débiles. Si una persona se siente presionada a cambiar por otra, tarde o temprano ese supuesto cambio se vendrá abajo y saldrá a la luz la realidad, no ocurrió una transformación genuina. Algo que repasé en mi clase de *La familia como sistema* es que muchos de los problemas que llevamos al matrimonio no son de la pareja, los arrastramos de nuestro pasado o de nuestras familias. Eso solamente lo puede determinar un terapeuta. La ayuda espiritual es importante, pero la profesional también es indispensable e insustituible.

Volviendo a mi posición de querer salvar al mundo, realmente no lo hacía obsesivamente. Eso sí, sentía que dependía en gran manera de él para hacer muchas cosas y en alguna de ellas había llegado a pensar que no las podía hacer sola. Tengo que confesar que al momento de pedirme el divorcio pensé que no podía seguir mi vida sin él, ¡qué error! Nuestra mente y corazón nos engañan. Ahora bien, en total fueron 14 años de relación. No eran dos días los que habían finalizado. Uno se acostumbra a la otra persona: a su voz, a su olor, a los momentos que viven diariamente como hablar por teléfono, comer juntos y otras actividades que realizan. Además, construyen sueños juntos y eso no es fácil de dejar. Ya lo dice la canción que puede más la costumbre que el amor. Muchas parejas se acostumbran hasta a las peleas, el maltrato, la infidelidad, las mentiras y el dolor. Entran en relaciones tóxicas y enfermizas; y la costumbre no los deja salir de allí. También, las personas se aferran a relaciones por miedo a la soledad, porque están desesperadamente necesitadas de amor, por dependencia económica, etc. ¿Es tu relación saludable? ¿Te hace bien o te hace mal tu relación? ¿Te ayuda a crecer personal, espiritual, emocionalmente? ¿Saca lo mejor de ti?

## Manejo presupuestario

La economía es una de las principales razones de divorcio. Quisiera decir que esta área la trabajamos bien, pero no fue así; y mucha de la responsabilidad fue mía, sino toda. Al momento del divorcio yo ganaba como tres veces más que él. Esta fue una de mis luchas principales, pues en momentos de coraje lo sacaba a relucir. Desde niña tuve un carácter fuerte como el de mi papá y el de mi mamá. Mejor dicho, tengo un carácter fuerte, pero ya más moderado. Recuerdo que mi padre me decía que ningún hombre me iba a soportar así y yo le decía que yo iba a ser una profesional para no depender de los hombres. Yo me valdría por mí, si las palabras de mi papá se hacían realidad. Ese era mi pensamiento y eso definitivamente me marcó. Cuando entré al matrimonio mis finanzas eran $0. Apenas cuatro meses antes había comenzado mi primer trabajo profesional estable.

Sin embargo, rápidamente fui creciendo profesionalmente y obteniendo mayor ingreso. Desde que nos casamos abrimos dos cuentas de banco. Una donde se depositaba su cheque y otra donde se depositaba el mío. Quedamos en que yo manejaría el presupuesto en términos de hacer los pagos y eso lo mantuvimos todo el matrimonio. No obstante, el solo hecho de tener dos cuentas nos trajo muchas diferencias, pues mi ingreso sobrepasaba por mucho el de él. Hay que ser realista, por más liberal que sea un hombre, fue creado como proveedor. Su ego se ve lacerado, sobre todo si la esposa le hace ver que ella gana más solo por hacerlo sentir mal. No era algo que hiciera constantemente, pero cuando me enojaba era una de mis armas de ataque. Creo que no hay nadie que cuando se moleste diga cosas bonitas. Al contrario, busca la manera de ofender y para eso utiliza las áreas débiles de la otra persona. ¡Un error garrafal! No importa quién gane más dinero en la relación, esa persona no debe sentirse con más poder sobre el otro y menos utilizar eso para humillar al otro. Hoy puede que estés arriba económicamente hablando, pero mañana no sabes y créeme que te va a doler recordar el daño que le hiciste a tu pareja por utilizar el dinero para controlar.

En una relación debe haber transparencia en la parte económica, ambos se deben ayudar. Si es posible, tengan una sola cuenta de banco, no se compliquen la vida. Después de todo, los dos se convierten en uno al unirse en matrimonio. Como todo en la vida, puede haber momentos de altas y bajas en la economía, busquen asesoría financiera, establezcan metas para su retiro, tengan sus ahorros y sobre todo lleven un presupuesto. Como esa parte es tan importante, nunca gasten más de lo que ganan. No utilicen las tarjetas de crédito descontroladamente, ni hagan préstamos que no puedan pagar. Unas finanzas saludables le ahorrarán muchos dolores de cabeza.

## Adicción al trabajo

Cuando alguna de las áreas de nuestra vida no se encuentra balanceada, uno busca alguna actividad o algo con qué llenarla. Así llegan las adicciones y sea cuál sea, todos los excesos son malos. El balance es necesario y fundamental en cada aspecto de nuestro ser. No podemos funcionar efectivamente si le damos más peso a un área que a otra. Veamos la definición de la Real Academia Española:

***Adicción*** - *Dependencia de sustancias o actividades nocivas para la salud o el equilibrio psíquico. Afición extrema a alguien o algo.* (Real Academia Española, n.d.)

Una adicción es una acción que haces de manera repetitiva y de la cual no tienes control. Cada vez deseas más y más, de manera que cuando la ejecutas pierdes la noción del tiempo y tiendes a sentir algún grado de "satisfacción"; aunque luego sientas culpa. En mi caso sentía cansancio físico, no tenía por qué trabajar tanto, pues económicamente estaba bien, pero sentía que necesitaba ocupar mi mente para no pensar en el dolor. De alguna manera, tenía algo de razón, pero las actividades que necesitaba realizar debían ser variadas y tenían que incluir espacios de descanso y relajación porque la mente y el cuerpo se agotan. Trabajaba en exceso, era directora de una oficina, profesora universitaria, participaba de un programa radial y llevaba trabajo al hogar. Estaba tratando de llenar vacíos, pero olvidé que la relación era importante. Además, como pareja necesitamos más momentos para vacacionar, para compartir y para disfrutar fuera de lo que es la rutina diaria laboral, el trabajo extracurricular y el servicio en la iglesia que desempeñamos por tantos años. Nos dedicamos tanto a las actividades de los demás que nos olvidamos de nosotros y de nuestra relación. ¿Estás sacando tiempo para cultivar tu relación?

¿Qué otras adicciones se pueden desarrollar para tratar de llenar ese espacio que la pareja no está ocupando?

1. Alcohol
2. Tabaco
3. Drogas
4. Pornografía
5. Comida
6. Compras
7. Sexo con múltiples personas
8. Ejercicio excesivo enfocado en la apariencia física y no en la salud

¿Cómo estás en esta área de tu vida? ¿Has desarrollado alguna adicción? Es hora de detenerte y evaluar cuánto tiempo consumes en las actividades que realizas. Cada una de esas adicciones tiene consecuencias negativas para ti, para tu matrimonio y algunas, hasta para las personas que te rodean. Algunas de ellas afectan tu economía, el funcionamiento de tu cuerpo y pueden llevarte hasta la muerte. ¿Dedicas tiempo a cada área de tu vida? ¿Haces espacio para alimentar tu alma, tu espíritu, para cuidar tu cuerpo?

## Un enemigo de gran peso

Hablando de cuerpo, el área física fue una de las que descuidé durante mi matrimonio. La mayoría de las personas cuando se casan comienzan a engordar. La rutina de vida agitada, las comidas fuera del hogar, entre otras razones pueden contribuir a ese enemigo de gran peso. La obesidad mórbida afectó mi salud física y emocional. Por lo tanto, mi autoestima estaba lacerada. Comencé a sentir que ya no era deseada sexualmente y que eso podía ser una de las razones por las que él decía que ya no me amaba. Claro, no puedo confirmar que fue así. Tampoco puedo decir que la obesidad es causa de divorcio porque conozco muchas personas obesas felizmente casadas. Así que una cosa no tiene que ver con la otra. Ahora bien, los pensamientos son muy poderosos y sin duda, en mi caso la obesidad sí fue un área que limitó algunas cosas en el matrimonio. Tal vez, eran barreras que estaban solo en mi mente y poco a poco se materializaron.

Yo no escogí ser obesa, fue algo que se dio poco a poco y se agravó en los últimos años de mi matrimonio. Padecía de algunas enfermedades como el asma, cuyo tratamiento era peor que la enfermedad. Claro, ante la gente yo era una gordita feliz y uso el diminutivo porque parece ser menos ofensivo para la sociedad. Y bueno, no puedo decir que no era feliz, pero cuando la salud no está bien la vida se torna más difícil y eso es algo que no puedo negar. Aun con mi obesidad había hombres, que sabiendo que yo era casada, se atrevieron a insinuarme que yo les gustaba. Así que hay hombres que le gustan las mujeres con sobrepeso. Entonces, estaba la interrogante sobre qué papel jugaba el que estuviera gorda.

Hay un tema que no me gusta tocar, pero tengo que hablarlo. La sexualidad también se afecta. A mí particularmente, la obesidad me fatigaba y me impedía también movilizarme con agilidad. Prefería la luz apagada para que no se viera mi exceso de peso. Era frustrante porque también esta fue una de las causantes de depresión y la verdad en ocasiones no tenía deseo de tener relaciones. Yo había intentado bajar de peso en muchas ocasiones y lo había logrado parcialmente, pero luego volvía a aumentar. Uno de los mayores deseos de él era ser padre y mi ginecólogo me dijo que debía rebajar porque los tratamientos que me había recomendado y lo que habíamos intentado hasta ese momento podría no haber funcionado por mi peso. Yo realmente no estaba obsesionada con ser madre, pero para él era una meta importante en su vida y traté de complacerlo. Precisamente en el verano del 2011 inicié un proceso para bajar de peso y así lo iba logrando. Cuando me divorcié ya había bajado como unas 50 a 60 libras. Posteriormente perdí 165 libras, pero ya estaba divorciada.

Una de las recomendaciones que puedo hacer con respecto a ese tema, es que la pareja trate de buscar ayuda médica. Yo tengo una lucha constante. Actualmente estoy peleando con el sobrepeso nuevamente, es una batalla que no termina. Esa área es una de mis mayores debilidades y fallo constantemente porque dejo de darle la importancia que amerita. Además, ciertas condiciones médicas me llevan a aumentar de peso. Ya te había mencionado anteriormente que todavía estaba batallando con algunas de mis faltas, ésta es una de ellas. Y créeme que no quiero estar gorda, no porque tenga que ver con la belleza externa, sino por la salud. Especialmente porque el asma se controla más cuando estoy en mi peso saludable. Ahora bien, existen otros temas de importancia que fueron trascendentales en el caminar del matrimonio y de eso quiero hablarte.

## Asumí un rol que no me correspondía

¿Qué rol debe ejercer la mujer? ¿Cuál le corresponde al hombre? No estoy hablando de estereotipos o roles impuestos por la sociedad: nada que tenga que ver con machismo o feminismo. Esta parte es una más desde la perspectiva espiritual y emocional. ¿Qué esperas de un esposo? Normalmente cuando las mujeres nos casamos tenemos la expectativa de que ese hombre será el proveedor, el protector, esa persona que nos brindará seguridad. Yo no soy la excepción. También esperaba que fuera ese líder espiritual que me cubriera en oración y que juntos estudiáramos la palabra de Dios en el hogar. Estos son roles importantes para aquellos que le servimos al Señor. Lamentablemente, él había dejado ese rol que para mí era muy importante: el sacerdote del hogar, el líder espiritual. ¿Qué pasó? Yo me la pasaba exigiendo lo que no veía de parte de él y en muchas ocasiones ocupé ese lugar que no me correspondía. Cuando se invierten los roles la familia no funciona bien, así ocurre en el matrimonio. En vez de luchar con mis fuerzas, debí utilizar el arma de la oración y declarar con fe lo que quería ver en él. Mi mejor recomendación, si lo estás viviendo, es que no presiones ni ocupes el lugar que no te corresponde. Mientras más presión ejerces, más lo alejas. A nadie le gusta hacer las cosas por obligación.

# ¿Qué podemos hacer?

Aceptar que nos equivocamos nos llevará a entender que nadie es perfecto y cualquier persona nos puede fallar porque nosotros también lo hacemos. Ahora bien, si las debilidades que tenemos no nos permiten funcionar bien y afectan directamente nuestra relación y a las personas que amamos sería una buena idea el pensar hacer cambios. Para que esa transformación sea efectiva debe venir de adentro hacia fuera, lo debes desear porque tú quieres ser mejor, no por agradar a otros. En la manera que tú mejores los que están a tu alrededor se beneficiarán y eso debe satisfacerte también.

> "Si tú eres feliz y puedes hacer feliz a los que te rodean, habrás cumplido uno de los propósitos de tu vida".

Para cambiar hay que identificar qué debemos mejorar. Siempre hay oportunidad de transformar nuestro ser. Te animo a hacer este ejercicio. Haz un inventario de las áreas débiles: son esas cosas en las que has tenido dificultad y que te han afectado a ti, a tu relación o podrían afectar tus relaciones. Luego escribe qué harás para convertir esa debilidad en una fortaleza. Ve haciendo cambios graduales. Quizás tienes una adicción que dejar o ser más positiva. Nadie te conoce mejor que tú, así que toma unos minutos para hacer este análisis. ¡Hazlo por ti y después por los que amas!

# Ejercicio de autoevaluación para la transformación

**Ejemplo** - Área débil: No soy expresiva | Acción para mejorarla: Abrazar, besar, expresar mi amor

| | Áreas débiles | Acción para mejorarla |
|---|---|---|
| 1 | | |
| 2 | | |
| 3 | | |
| 4 | | |
| 5 | | |

"Si tú lo decides, los errores pueden ser los mejores maestros para que la próxima vez puedas triunfar".

# CAPÍTULO 6

# ¿Odiar o perdonar?

## Camino a la sanidad

Una vez participé en un programa de radio donde una persona preguntaba si odiar a la que fue su pareja le ayudaría a sanar. Realmente me sorprendió el cuestionamiento, pero es válido. Creo que la mayoría de la gente cuando termina una relación, no siente en su corazón el deseo ardiente de salir corriendo a perdonar y amar de otra manera al que le lastimó. Ahora bien, está comprobado que almacenar emociones negativas produce hasta enfermedades: tanto físicas como emocionales. ¿Te gustaría estar enferma para el resto de tu vida? Entonces, ¿qué prefieres: odiar o perdonar?

El odio es un veneno que nos daña el alma y el corazón, pero también afecta a los que nos rodean. Quizás al que menos daño le hace es a la persona odiada porque lo más probable es que esa persona ya restableció su vida y le importa muy poco lo que hagas con la tuya. Suena fuerte, pero así suele ser. La pregunta es, ¿para qué perder tu tiempo, energías y pensamientos en alguien que no te añade, sino que te resta? Claro, perdonar no es algo que surge de la noche a la mañana. A algunos les toma más tiempo que a otros, dependiendo de la gravedad de la ofensa.

Perdonar es una decisión que debe venir de adentro hacia fuera. No puede darse de forma superficial y a la ligera por complacer a los demás porque si no has perdonado, realmente vas a seguir cargando con el peso de no sanar y seguirás atada al que te causó ese dolor.

El primer paso para comenzar el proceso de sanidad

es aceptar que tienes una herida, que te duele y que necesitas sanar. Lo segundo es optar por el perdón como el paso esencial para comenzar a sanar. Lee bien, no estoy diciendo que una vez decidas perdonar quedas sana inmediatamente. Son procesos y cada proceso conlleva tiempo, pasos, etc., dependiendo de la persona.

## Te perdono, me perdonas, me perdono

Antes de seguir, quiero dejar un punto bien claro. El perdón no implica aceptar el maltrato de los demás. Es una decisión que beneficia más al que lo da que al que lo recibe. Perdonar es renunciar al rencor, al dolor, desistir de la idea de la venganza, es liberar a la otra persona para que no siga encadenada a nosotras. En mi caso, el proceso tuvo tres partes: yo perdoné a mi ex, le pedí perdón por las áreas en las que yo fallé y me perdoné por esas faltas. Una de las interrogantes que más la gente se sorprende es por qué perdonar a los que nos lastiman. Aquí mi respuesta.

## Por qué perdoné a mi ex

Tenía dos opciones: no había más alternativas o por lo menos no vi otras. Fue justo el día antes del divorcio, en medio de un mar de lágrimas, que tomé la decisión. No lo hice por él, lo hice por mí. Por años había escuchado los cuentos de terror de muchos matrimonios que terminaban en divorcio. Había mucho resentimiento, odio y malestar. Muchos casos llevaban años desde la ruptura y al escucharlos hablar podía sentirse el gran dolor. Yo no quería envenenar mi vida y vivir en amargura. Decidí que quería ser diferente. No creo en el divorcio, lo he dicho como mil veces, pero ya que me tocó no pensaba hacer como la mayoría.

Tomé la computadora y comencé a escribir. Mientras lo hacía, lloraba profundamente y así comenzó el proceso de sanidad. Plasmé algunas palabras que concluyeron en lo siguiente:

*"Pensé que iba a envejecer a tu lado, que íbamos a lograr tantos sueños que construimos, pero decidiste cambiar tu destino y no soy quién para detenerte. Contigo aprendí lo que es el amor y el dolor. Cada lágrima que ha bajado por mi rostro solamente ha estado ahí para limpiar mi corazón y créeme no te guardo rencor. Te perdono y te libero. Sigue tu camino y sé feliz, tienes las herramientas y el conocimiento para hacerlo".*

Perdonar no implicó regresar, tampoco justificar los momentos dolorosos que viví. No se trataba de enmendar el daño, pero sí de comenzar a sanar. ¿Por qué lo perdoné? Porque quería rehacer mi vida en paz conmigo. No deseaba arrastrar con la mochila llena de papas podridas, que al final a quien harían daño era a mí. Así que con esa carta, y otra que escribí posteriormente, cerré un capítulo de 14 años entre amistad, noviazgo y matrimonio.

Al finalizar el proceso de divorcio, cuando salimos del Tribunal, le di la primera carta y sentí una paz tan grande que no podría explicar. La carta no tenía reclamos. Fue un recuento de lo que habíamos vivido, enfatizando en los momentos buenos. De esa manera inicié el doloroso proceso de la despedida, de cerrar un capítulo muy triste de mi vida:

*"Hoy damos final a un capítulo de nuestras vidas. Lo cierro consciente del amor que siento por ti y es precisamente ese amor lo que me hace darte esa libertad que tanto deseas. Quería escribirte una última carta para expresarte lo agradecida que estoy de Dios por los momentos maravillosos que viví a tu lado".*

Estoy segura, y luego me confirmó que jamás hubiera esperado algo así. Años después puedo decir, con mucha paz, que no guardo rencor, que perdoné y que ese perdón me ayudó a reiniciar mi vida y ser más feliz de lo que había sido. Si ha llegado el momento de decirle adiós a una persona que fue especial en algún tiempo, pero que luego te lastimó, mi mejor recomendación es que perdones. Te liberará del dolor y podrás seguir tu camino en paz. De mi experiencia, te puedo decir que después de perdonar llegarán tus mejores días. Quizás no tienes que escribir una carta, puedes buscar otro método, pero lo importante es que perdones para tu bienestar.

Para mí una carta no fue suficiente. El proceso de divorcio tuvo dos etapas, la primera fue el divorcio legal, la segunda el divorcio emocional. Creo que ese dolió más y tomó más tiempo en concretarse. Por lo tanto, escribí una segunda carta. Esta vez para cerrar el ciclo de forma definitiva. Aquí un extracto de la misma:

*"Una segunda carta de despedida es necesaria para cerrar, esta vez, de manera definitiva, más de una década de amor; por lo menos de mi parte. En la primera carta hice un recuento de todos los momentos maravillosos que viví a tu lado y no creo que sea necesario repetirlos.*

*Ese 14 de octubre de 2011, en el que frente al juez decidimos terminar la relación, marcó el inicio de una nueva etapa en nuestras vidas. No fue hasta enero que realmente se dio el divorcio emocional que no se había concretado. Desde octubre hasta enero mantuve la ilusión de que trabajaras los aspectos de tu vida que necesitan sanar y que tal vez pudiéramos restablecer la relación, pero no fue así. Decidiste seguir tu camino y otra vez me tocó aceptar tu decisión, pero esta vez sí fue el final. Como te dije inicialmente, respeto tus decisiones y aunque me hayan dolido estuve dispuesta a dejarte ir para que te encontraras contigo y pudieras ser feliz".*

La palabra perdón fue clave en el proceso de sanidad. No encontré otra forma para volver a retomar mi vida. Muchas personas pueden confundir el perdonar con aceptar maltratos o con dar segundas oportunidades. También, pueden decir que el otro no merece perdón. Nada más cierto, la realidad es que el ejercicio de perdonar es purificador, te limpia el alma y el corazón de todo lo que te lastimó. No te borra los recuerdos. Eso de perdonar y olvidar no es como muchos piensan.

> "La diferencia entre recordar con rencor y recordar luego del perdón es que la primera duele y la segunda no produce dolor".

Sin embargo, es importante que ese proceso vaya en ambas direcciones. No podemos pensar que somos perfectas y que nunca hicimos daño. Debemos estar dispuestas a perdonar, pero también a pedir perdón. Esa parte es hasta más difícil porque requiere que dejemos a un lado el orgullo, que dobleguemos nuestra voluntad y que aceptemos que también nos equivocamos. Hay que hacer un análisis y pensar en qué fallé, no para castigarnos, sino para enmendar los errores y sobre todo no volverlos a cometer en el futuro. Aquí no se trata de quién merece perdón. Si la falta o el error fue grande o pequeño. La verdad es que si lo miramos del punto de vista del que fue herido, el ofensor no merecerá el perdón jamás. No se trata de ver quién es mejor o peor, se trata de sanar, de dejar atrás lo que te lastimó y seguir adelante y en paz. Tal vez estés pensando que lo que viví no se compara con lo que te hicieron, que fue horrible y no tiene perdón. Aun así, te animo a que lo hagas. Tú sabes que quieres sacar de tu corazón todo ese dolor, odio y rencor. Tú quieres ser feliz y volver a sonreír.

¿Quieres perdonar? ¿Deseas que te perdonen? ¿No sabes cómo hacerlo? Aquí te puse de ejemplo las cartas, pero también puedes establecer un diálogo con esa persona, yo lo hice en su momento y es liberador. Puedes buscar un intermediario, escribir un mensaje o hablar de frente. Piensa en qué será más efectivo para ti y ve preparada para aceptar cualquier respuesta. El hecho de que pidas perdón no implica que la otra persona vaya a responder positivamente y eso lo debes tener claro. Tampoco puedes esperar que el otro te pida perdón a ti, simplemente otórgalo por tu bienestar. ¿Qué tal si esa persona ya murió? Escribir una carta o pedirle a una persona que ocupe su lugar y hablarle te servirá. También puedes ir a su tumba y hablar allí.

¿Quieres comenzar tu proceso de sanidad? No tiene que ser relacionado a un divorcio, quizás has vivido momentos difíciles y traumáticos desde tu niñez que no has podido sanar. Hoy es un buen día para comenzar.

## Ejercicio para comenzar a sanar

**1.** Haz una lista de las personas que te han herido y los sucesos que te han lastimado.

**2.** Haz una lista de las personas a las que tú has lastimado y necesitas pedir perdón.

**3.** Piensa qué forma es la más adecuada para poder perdonar. (Hablar con la persona, escribir una carta, etc.)

**4.** Da el paso hacia el perdón, contacta a la persona que te lastimó o que lastimaste. Quizás necesitas un intermediario, haz lo que entiendas más conveniente para ti.

**5.** Utiliza una fotografía de esa persona y háblale lo que tienes guardado en tu corazón.

**6.** Si crees que no lo puedes hacer sola, busca ayuda profesional o espiritual.

## Me perdono

Ahora bien, no nos podemos quedar en la parte de perdonar a los demás. Hay un proceso de perdón muy importante y es el que va dirigido a nosotras mismas. No solo tiene que ver con relaciones amorosas. Se trata de perdonar en todos los aspectos de nuestra vida. Creo que a todas nos ha pasado. La pelea es interior y puede ser muy dañina si no se sabe combatir correctamente. Sin embargo, podría decirte que es algo completamente natural y que nos ha de suceder más de una vez en la vida. Son múltiples las emociones que se pueden sentir, entre ellas: coraje, resentimiento, culpa y tristeza.

Ciertamente la vida no es fácil y vivimos experiencias variadas en las que muchas veces podemos fallar, unas veces a otros y en ocasiones a nosotras mismas. Cuando hablé de la razón por la que perdoné a mi ex en mi blog, hubo una persona que me escribió que a veces era más fácil perdonar a otros que a una misma. Creo que hay mucha verdad en sus palabras. A veces más que amigas nos convertimos en nuestras enemigas. No sé si les pasa más a las mujeres o si los hombres también lo experimentan.

¿A qué se debe ese comportamiento? Tal vez somos demasiados exigentes con nosotras y se nos hace fácil enjuiciarnos. Puede que seamos muy perfeccionistas y pensemos, en ocasiones inconscientemente, que no podemos fallar ni cometer un error.

También podría ocurrir que venimos de familias muy rígidas e inflexibles y estamos repitiendo conductas que no hubiéramos querido imitar. Igualmente, podemos tener "amigos" que les encanta señalar y juzgar. Analiza qué te lleva a actuar de esa manera. Aunque la razón no es tan importante como la solución, ayuda el conocer el origen y de esa manera podemos enfrentar la conducta.

## ¿Qué puedes hacer?

**1.** Reconoce que eres un ser humano con virtudes y defectos.

**2.** Acepta que puedes cometer errores, fallar y hasta traicionar.

**3.** Rechaza esa culpa constante. Ya sabes que cometiste un error, pero eso no debe atormentarte.

**4.** No te critiques. No ganas nada con condenarte.

**5.** No permitas que los comentarios de otros te afecten.

**6.** Enmienda tus errores (si se puede), pide perdón. Si no es posible, no recurras a la tortura de la culpabilidad.

**7.** Aprende de lo ocurrido.

**8.** Date una nueva oportunidad. ¡Perdónate y sana!

Tu felicidad es importante. No dejes que las experiencias de la vida te lleven a lacerar tu autoestima, tu valía. Si Dios nos perdona cuando nos arrepentimos; por qué no podemos perdonarnos. Hoy es un buen día para sacar todo el dolor de vivencias en las que has cometido un error. No te conviertas en tu enemiga, ¡perdónate! Yo también me tuve que perdonar.

En ocasiones me sentí culpable, venían pensamientos a mi mente de todo lo que pude haber hecho de manera distinta y que pudo haber evitado el divorcio, pero la realidad es que ya no podía cambiar el pasado. Tuve que perdonarme por las palabras de amor que no dije, las caricias y los besos que no di, las promesas que no cumplí y por tantas otras cosas en las que tal vez no di lo que me tocaba. Soy humana, fallé, pero lo mejor que pude hacer fue perdonarme y perdonarlo. Ahí comenzó mi nueva vida.

"Las noches de llanto y sufrimiento tienen un final, la sanidad llega con el perdón; ¡depende de ti!".

# CAPÍTULO 7
# Después del divorcio, ¿qué?

Para muchos el divorcio o la separación es inevitable aunque no es la mejor opción. Excusas como: ya no es lo mismo, parecemos dos extraños y olvidamos lo que nos unió se pueden escuchar frecuentemente. Es más fácil tomar rumbos separados que luchar por el amor que un día nos juramos. Es que el amor se acabó y ya no vale la pena continuar en el camino, dicen otros. Tal vez es el momento de buscar cada uno su destino dejando atrás recuerdos que llenaron nuestras almas de felicidad y de amargura. Sí, porque hubo de todo en la relación. Ahora bien, todo esto que he escrito lo escucho una y otra vez, pero no necesariamente estoy de acuerdo. Aunque todo mi libro habla de mi experiencia con el divorcio, yo creo que el amor no se acaba, simplemente decidimos dejar de alimentarlo para que no creciera. Obviamente, lo que no se cuida se pierde. Además, la ruta más fácil pudiera ser terminar, pero es la más dolorosa y que arrastra con grandes consecuencias tanto para la pareja como para los que le rodean.

Para los que en definitiva ya no hay vuelta atrás en una relación, quiero desnudar el alma una vez más y dejarte algunas vivencias que, gracias a Dios, el tiempo y el proceso de perdón, pude superar y sanar.

Luego de mi proceso de divorcio, decidí escribir y publicar un poco del amor y el desamor. Aunque siempre insistiendo en el amor y dejando claro que no creo en el divorcio y tampoco lo promuevo. Sin embargo, hay muchas cosas que escribí y no publiqué en mi blog, pues estaba en el periodo de luto. Hoy, ya completamente recuperada, puedo decirles un poco más de lo que viví y qué hice para sobrevivir. Tuve un matrimonio feliz dentro de lo normal: pasábamos juntos mucho tiempo en actividades cotidianas, laborales y extracurriculares. El círculo de amigos era amplio y compartíamos con frecuencia con muchos de ellos, que ya eran parte de la familia. Así que con el divorcio hubo que hacer muchos ajustes, como mencioné anteriormente.

> *"En una separación los cambios son inevitables".*

## Nueva vida, nuevos retos

Entonces, después del divorcio, ¿qué sigue? ¿Sabes lo que es comenzar de nuevo? Es uno de los retos que se deben enfrentar cuando hay una separación definitiva. Además del dolor que podamos sentir, está la incertidumbre y el miedo ante lo desconocido. Y a mí también me tocó. Poco a poco tuve que hacer muchas cosas por primera vez. Al principio estaba aterrada. No sabía cómo iba a reaccionar ante tantos cambios. Algo tan sencillo como conducir hacia mi trabajo, hacer la compra sola, botar la basura, llevar el carro al mecánico, y tantas otras cosas, se convirtieron en novedad. Eso del mecánico es una de las peores gestiones para las mujeres porque como no sabemos nada de auto, por lo menos la mayoría de nosotras, pues es más fácil que nos engañen y terminamos gastando más dinero. Así que yo rogaba que mi carro no se dañara para no tener que enfrentarme a esa situación.

Hablando del carro, ese fue uno de los primeros retos que tuve que enfrentar. Yo nunca había manejado. La primera semana que me tocó hacerlo, justo en el expreso Baldorioty de Castro (una de las avenidas más concurridas en Puerto Rico), en el tapón de la mañana (tráfico fuerte), el carro se apagó. Yo comencé a llorar, no sabía qué hacer.

Los carros comenzaron a tocarme la bocina para que me moviera, pero yo no sabía cómo. Así que lo llamé a él con toda la vergüenza del mundo, después de todo no éramos enemigos y pude resolver. Fueron varias las situaciones que tuve con el carro en esas semanas, fue como una conspiración para ver si yo podía enfrentar la vida real.

Experimenté un sinnúmero de emociones al ir a comer a un restaurante, ir al cine, ver películas en la casa o ir a reuniones o fiestas completamente sola. Tengo que confesarte que fue como volver a nacer. Todos los días había algo que haría sola por primera vez. Con el pasar de los meses me di cuenta que no era tan complicado, sentía paz y felicidad al completar hasta la actividad más sencilla e insignificante. Entonces, luego de una década de casada, el divorcio me había dado la oportunidad de conocer a una Elizabeth más fuerte, decidida, con mucho potencial y una capacidad que ni yo misma conocía. La más importante de todas, fue la capacidad de perdonar y sanar para volver a comenzar.

Si en algún momento te dicen que el amor terminó, intenta ver si con ayuda puede recuperarse, pero si te toca partir recuerda que tienes mucho por hacer. Comienza por reencontrarte contigo, disfrutar de los espacios de soledad, hacer actividades que te enriquezcan en todos los aspectos de la vida, aprender cosas nuevas, pero sobre todo, haz de la paz tu mejor aliada. Búscala con todo tu corazón y pídele a Dios que te ayude a perdonar para que puedas sanar e iniciar una nueva vida. Después del divorcio se puede volver a vivir y ser feliz, luego de cerrar todos los ciclos que son necesarios.

## Divorcio emocional

El divorcio no termina en el tribunal ni con la separación física de esa persona. Hay una conexión emocional que también hay que terminar. Esa es la más difícil. Esa tentación por saber cómo le va, qué está haciendo, ese deseo de escuchar su voz, etc. Hay una sensación de vacío y desilusión por las promesas incumplidas. Son tantas cosas las que te mantienen atada a una relación que debes cortar. Hoy día con las redes sociales también hay que eliminar esos contactos. Mientras menos comunicación tengas con esa persona más rápido será tu proceso de recuperación y menos te torturarás. Para poder sanar es importante que lo perdones por las promesas que te hizo, por los sueños que tuvieron y las metas que se trazaron y no cumplieron. Igualmente perdónate por lo que no pudiste completar, esa también es una forma de liberarte emocionalmente de esa persona.

> *"Si ya terminó la relación y no hay posibilidad de restauración, corta de raíz".*

Definitivamente el divorcio emocional es más importante que el físico. Mientras sigas atada a tu ex no podrás continuar ni restablecer tu vida. Así que si terminaste una relación, corta de raíz con la misma. Tal vez tienes hijos y vas a tener que seguir en comunicación con esa persona, pero trata, en la medida posible, de que sus conversaciones se limiten estrictamente al bienestar de sus hijos. A pesar de las diferencias que puedan tener, ustedes deben respetar la paternidad y la maternidad, esa parte no es negociable. En fin, el divorcio emocional puede doler bastante y es importante fortalecerse. ¿Qué puedes hacer?

## Mi refugio fue Dios

Las noches de llanto y soledad fueron muchas. No recuerdo cuántas lágrimas derramé en ese último proceso que duró desde agosto de 2011 hasta febrero de 2012, aunque el divorcio fue en octubre de 2011. Uno de los errores que muchas personas cometen es torturarse en medio del sufrimiento con canciones que yo llamaría "corta venas", me refiero a letras de desamor y despecho. Realmente lo que entra a nuestra mente va directo a nuestro corazón y va alimentando las emociones que estamos sintiendo en ese momento. Por lo tanto, yo me dediqué a escuchar todas las canciones cristianas que me motivaban a seguir adelante, a ganar la batalla, a encontrar la victoria en medio de la adversidad. Lloraba y oraba a la vez, porque si hay uno que puede entender nuestro dolor es el que nos creó.

Tengo que remontarme al día específico del divorcio porque cuando salí de la sala del Tribunal sentía una paz que solamente la puede dar Dios; esa paz que sobrepasa todo entendimiento, que humanamente no se puede explicar. En medio de esos meses en que estuve pasando por ese luto emocional, sé que Dios fue mi refugio y mi fortaleza. Quizás no has experimentado ese amor, consuelo y fortaleza que solamente Dios puede dar. Hoy te reto a que lo invites a entrar a tu corazón, dile que se lleve tu dolor y que transforme tu vida; que te ayude a ser una nueva criatura. Sería bueno que puedas encontrar un lugar donde alimentar tu alma y tu espíritu para que puedas crecer también en esas áreas que son tan importantes. Ahora bien, aunque tengas la paz de Dios en tu corazón, en muchas ocasiones no podrás evitar el dedo señalador de la sociedad y las etiquetas que vienen con el divorcio.

## Eres una pecadora

El estigma de la mujer divorciada, particularmente por muchos religiosos, es muy fuerte. En muchas iglesias se les remueve de responsabilidades de liderato. En otras no se pueden volver a casar porque se les etiqueta como adúltera. Se marginan y se tratan como si fueran una ciudadana de segunda categoría. Muchos comienzan a indagar y hasta responsabilizarte por lo sucedido. No sé por qué razón se tiende a justificar los errores de los hombres y a acusar a la mujer de ser la culpable de la ruptura. En el momento que me divorcié todas esas palabras llegaron a mi mente y no puedo negar que muchos minimizaron mi dolor porque no tuve hijos, porque llegamos a acuerdos como seres civilizados, porque no fue una relación de golpes y maltrato físico, y tantas otras razones.

Lo que más me dolió fue que algunos familiares empezaron a decirles a mis padres que yo estaba en adulterio porque compartía con amigos. Mis padres me juzgaron a causa de lo que los demás decían de mí. Me sentí con mucho coraje porque toda la vida había tratado de ser la niña, joven y mujer ejemplar que mis padres me exigieron y en unos días me convertí en la mujer pecadora.

Por otro lado, muchos hombres se acercaban pensando, tal vez, que al ser divorciada era presa fácil. Al parecer, existe una creencia de que las divorciadas son más propensas a entregarse, pues están frágiles y se les ve más como un objeto sexual. Por lo menos, así lo experimenté. No obstante, la batalla más fuerte la tuve conmigo, pues no podía creer que pudiera ayudar a otros matrimonios a salir de sus crisis, pero había perdido el mío después de tanto luchar. ¿Cómo podía liderar a los jóvenes de la iglesia? ¿Con qué cara me pararía a dar una conferencia a matrimonios? ¿Había fracasado? Fueron muchas las interrogantes que pasaban por mi mente.

## Trabajar con la autoestima

Una de las áreas que más se afecta es la autoestima. Ese valor que nos otorgamos. Los pensamientos negativos pueden tratar de apoderarse de nuestra mente. Tal vez nos sentimos feas, fracasadas y con menos valor. Podemos pensar que ya no conseguiremos una persona que nos ame como nos merecemos. Nos comenzamos a ver totalmente opuesto a lo que Dios ha establecido que somos. Definitivamente no valemos por lo que tenemos ni mucho menos por las experiencias que pasamos. Nuestro valor nos lo dio el Creador y nada ni nadie nos lo puede quitar. Eso es importante que lo tengas muy claro.

> "Mi belleza, mi valor, mis habilidades y cualidades crecen en la medida que acepto que fui creada a la imagen y semejanza de Dios y nada ni nadie me quita lo que soy".

Como les decía anteriormente, tuve que restaurar mi autoestima, pero también la confianza en mí. Era fundamental cambiar todos los pensamientos negativos que quedaron como resultado de la pérdida y la crisis: dejar atrás los sentimientos de fracaso. A veces no podemos luchar solas con esos pensamientos de derrota. Para eso es importante buscar ayuda espiritual y profesional. Además, cada vez que venga un pensamiento negativo, cámbialo por uno positivo, por lo que en realidad eres, lo que Dios ha dicho de ti. Tu vida no ha terminado. Lo que culminó fue un ciclo y ahora entras a una nueva etapa. Es hora de ver qué te espera.

## Redescubrirme

En medio de las relaciones muchas veces tendemos a perdernos, a dejar a un lado nuestra esencia, a postergar sueños y a sacrificar muchas cosas. Era hora de retomar a Elizabeth. Tal vez es hora de retomar tu propio ser y valorar tu esencia. En mi caso, tuve que contestar muchas preguntas: ¿Quién soy? ¿Qué cualidades tengo? ¿Qué me gusta? ¿Qué quiero hacer?

Definitivamente soy una mujer apasionada, soy

perseverante, me fascina aprender y crecer en todas las áreas de mi vida. Así que comencé a tomar clases de consejería cristiana para complementar mis estudios de maestría en Trabajo Social. Esa fue una de las actividades que realicé en medio de mi proceso de redescubrir a Elizabeth y tener un encuentro con la nueva persona en la que me estaba convirtiendo. ¡Fue realmente interesante y retante! Al principio, no te lo puedo negar, sentí miedo, pero luego me fue gustando la nueva persona que iba descubriendo.

Este ejercicio a continuación lo puedes hacer no solo si has pasado por una separación o divorcio, siempre es bueno redescubrirse y abrirse a nuevas oportunidades de crecimiento.

**Ejercicio de redescubrimiento** – contesta las siguientes preguntas:

**1.** ¿Quién eres?

_____

**2.** ¿Cómo eres?

_____

**3.** ¿Cuáles son tus habilidades y tus mejores cualidades?

_____

**4.** ¿Qué te gusta hacer? ¿Cuáles son tus pasatiempos?

_____

**5.** ¿Qué te gustaría mejorar?

_____

**6.** ¿Qué quieres aprender?

_____

**7.** ¿Qué actividades nuevas quieres hacer?

_____

**8.** ¿Qué actividades de crecimiento espiritual te gustaría realizar?

_____

**9.** ¿Te gustaría estudiar alguna carrera o curso nuevo?

_____

**10.** ¿Quieres hacer trabajo voluntario?

_____

**11.** ¿Qué lugares te gustaría visitar?

_____

**12.** ¿Qué metas tienes para los próximos cinco años?

_____

Una vez redescubrí a Elizabeth tenía que seguir mi vida e ir dando varios pasos para la recuperación. Aunque en el próximo capítulo hablaré más a fondo de cómo volver a empezar, quiero adelantar algunas de las vivencias que experimenté.

## ¿Qué hice para recuperarme?

Uno de los retos más grandes fue tener que compartir con las personas que nos conocían a los dos. No podía dejar a un lado a mis familiares y amigos, pero sí busqué compañía en nuevos amigos y amigas. Comencé a asistir a un grupo de adultos solteros de una iglesia y allí encontré muchas personas que estaban igual o peor que yo, pero también otras que habían superado situaciones más difíciles. Eso, sin duda, me dio ánimo. Si ellos pudieron, yo también lo haría. Ese grupo se convirtió en un aliciente en medio de mi desierto, me fortaleció espiritual y emocionalmente. Hice una gran amiga que se convirtió en mi hermana. Claro, llegó el momento en que hice nuevas relaciones de amistad y seguí compartiendo con algunos de ellos fuera de lo que eran las reuniones semanales. Siempre he creído que todo tiene un ciclo en nuestras vidas. A veces llegamos a un lugar con un propósito y en el grupo de adultos solteros definitivamente comencé mi proceso de sanidad y amplié mi círculo de amistad.

## Me dediqué a mí

No solamente abrí mi núcleo de amistades, busqué espacios para mejorar como persona y para crecer. Eso incluyó mi salud. Anteriormente les había dicho que meses antes del divorcio había comenzado un proceso para bajar de peso; pues lo continué y llegué al peso ideal. Fue un gran reto que me llenó de mucha satisfacción y me ayudó también en los pasos que necesitaba para recuperar mi autoestima. ¡Estaba realmente muy entusiasmada con mi nueva vida! Nunca había visitado un gimnasio y por algunos meses tuve hasta un entrenador personal. Así que me di la oportunidad de experimentar vivencias que no había tenido anteriormente y las disfruté. Algunas de estas experiencias no las continúe porque las prioridades de la vida iban cambiando poco a poco, pero como dice el refrán: "nadie me quita lo bailado".

## El amor de un perro

Jamás en mi vida pensé tener una mascota. Mi mamá me contó que tuve un perro de niña, pero realmente no lo recuerdo. De adulta les tenía miedo y hasta un poco de asco. Lo siento, no puedo mentir. Había visto algunas amigas que habían terminado sus relaciones y las mascotas se habían convertido en sus mejores compañías. A mí me parecía algo absurdo. La verdad es que tardé dos años sola en la casa y me lo disfruté, pero llegó un día en que decidí dejar entrar a un hermoso perro que se convirtió en una terapia para mí, en un amigo fiel y mi mejor compañero. ¡No me arrepiento! Abrir la puerta de mi casa y que me recibiera con tanto entusiasmo y alegría llenaba mi corazón de felicidad. Este compañero fiel todavía es parte de mi vida. Ya no puedo imaginar mis días sin mi bebé de cuatro patas. No sé si lo has considerado, pero los expertos en conducta humana y hasta muchos hospitales los consideran como terapéuticos y sí que lo son.

## Qué pasa con la familia

Tu familia es su familia y su familia es tu familia. Creo que esa fue una de las partes más difíciles de este proceso. Mi exsuegra era como una segunda madre; mis sobrinos y demás familiares eran parte de mí. Celebrábamos épocas festivas, vivimos momentos de alegría y otros de dolor. Así que además de perder al que fue el amor de mi vida, estaba perdiendo una familia completa, con sus virtudes y defectos. Gracias a Dios, aun mantengo algo de relación virtual con algunos de ellos, pero no puedo negar que fue muy difícil esa separación. Para mi familia igualmente. Estaban perdiendo un hijo más. Creo que son procesos que algunos miembros no logran superar.

Esta es otra área que hay que trabajar, especialmente con los sobrinos. Es importante explicarles, dependiendo de sus edades, que el amor hacia ellos es el mismo, pero que ya no compartirán como antes porque sus tíos ya no vivirán juntos. Debemos permitirles que expresen su dolor y no restarle importancia porque ellos también han sido parte importante de la relación. Solamente el tiempo podrá curar las heridas que se causan con el divorcio.

## El divorcio y los niños

Para los niños el divorcio es uno de los traumas más

difíciles que pueden experimentar. Muchos se culpan de la separación de sus padres. Algunos sufren más porque son utilizados como instrumentos de batalla de los padres para tratar de dañarse uno al otro. El papel de los hijos, sin duda, es uno muy fuerte. Las consecuencias del divorcio van desde cambios en el comportamiento, se afecta la autoestima, se vuelven agresivos o se encierran en su mundo y hasta pueden bajar las calificaciones en la escuela, etc. Ellos también necesitan sanar en medio de ese proceso y ser llevados a recibir ayuda espiritual y profesional para fortalecer sus corazones y que puedan adaptarse a su nueva vida.

En mi caso no hubo hijos. Yo tuve problemas para quedar embarazada aunque estuvimos como dos años entre estudios médicos y recomendaciones del ginecólogo para ver si podíamos concebir. Recuerdo que fuimos también al urólogo para que él verificara que no tenía ningún problema para procrear. Se confirmó que la que tenía dificultades era yo, así que no pudimos tener hijos. Digamos que eso hizo el proceso más fácil, pues no había lucha de custodia y pensiones. Sin embargo, uno de mis sobrinos es también nuestro ahijado y desde que nació convivía mucho con nosotros. Era ese hijo que no habíamos podido engendrar.

Ese 11 de septiembre que él dejó la casa, mi sobrino, que tenía ocho años, tuvo como una especie de revelación relacionada con el dolor que yo estaba sufriendo, aunque nadie sabía lo que estaba ocurriendo. Ya cuando ocurrió la separación tratamos de que mi ex continuara la relación de padrino – ahijado y que pudieran compartir ocasionalmente. Esto se dio por un tiempo. No obstante, las preguntas de mi sobrino me confirmaban que su corazón estaba dolido, que no sabía cómo asimilar lo que estaba viviendo y que no entendía lo ocurrido. Al momento de escribir esta parte del libro, tuve una conversación con mi sobrino, que ya cumplió sus 15 años y me dijo que no recuerda lo que pasó, que no sabía lo que era un divorcio, pero que todavía extraña a su padrino. El dolor de los niños y adolescentes no se debe ignorar. Hay que atender todas las señales y los cambios que ocurran en ellos a consecuencia de la separación. El bienestar de los menores debe estar por encima de cualquier situación que haya llevado al divorcio. Sus corazones deben ser protegidos.

Estos son algunos puntos importantes que se deben destacar al momento de trabajar con los niños:

**1.** No utilices tus hijos para vengarte de tu ex.

**2.** Si siembras odio en el corazón de tus hijos, los envenenas y dañas su vida y su futuro.

**3.** La relación de tus hijos con su padre o madre va por encima de los problemas que ustedes puedan tener.

**4.** Los niños necesitan saber que ellos no son responsables del divorcio.

**5.** Los hijos tienen que contar con sus padres aunque estos restablezcan sus vidas y se vuelvan a casar.

**6.** Nadie puede sustituir a papá ni a mamá.

**7.** Los problemas de pensiones y las situaciones económicas no se deben mezclar con la relación que tengan los padres o madres con sus hijos. Ese tiempo de convivencia es esencial.

Tal vez pienses que para mí es fácil hablar del tema porque no tengo hijos, pero he visto el dolor de muchos niños y adolescentes que crecieron y arrastraron con las consecuencias de los errores de sus padres en medio de los divorcios. Además, tengo que decirte que me dolió ver sufrir a mi sobrino y también sentí mi corazón desgarrado al saber que él estaba compartiendo con su padrino y otra mujer que no era yo. Fue un momento donde tuve que poner a un lado mi ego, mis emociones y sentimientos para que mi sobrino pudiera ser feliz con ese hombre al que veía como un segundo padre.

> "Los padres y las madres tienen la responsabilidad de proteger el corazón de sus hijos y buscar su felicidad".

## Arrepentimiento

El arrepentimiento es una acción en la que una persona lamenta lo que ha hecho y busca la manera de enmendar el daño. En muchas ocasiones y también fue mi caso, la persona que pide el divorcio luego se retracta y desea una nueva oportunidad. He conocido parejas que después de años de divorciados, con la ayuda necesaria, han podido restablecer su relación y tener éxito en su matrimonio. Yo creo en el amor y estoy de acuerdo en que, si las dos partes están dispuestas a trabajar con las áreas que requieren atención, puede haber una reconciliación. En mi caso no se pudo dar porque él no cumplió con las condiciones de buscar la ayuda profesional y espiritual que acordamos para poder darnos una nueva oportunidad.

Ahora bien, he conocido muchas parejas que viven en un ciclo de supuesto arrepentimiento que los mantiene atados pasionalmente. Eso quiere decir que solamente se ponen de acuerdo para mantener relaciones sexuales y fuera de eso no desean reconstruir su matrimonio. Entiendo que ninguna de las dos partes se está valorando. Si una persona no es buena para compartir tus alegrías y tus tristezas, los momentos de salud y enfermedad, las riquezas y la pobreza, ¿por qué satisfacerlo sexualmente? Mientras se mantienen en ese ciclo se lastiman más, no se dan la oportunidad de sanar y tampoco de iniciar una nueva relación con alguien que realmente los valore y respete. Mereces una persona que esté dispuesta a dar todo por el matrimonio.

> *"Si el arrepentimiento es genuino, una nueva oportunidad es posible".*

## Entonces, ¿cómo saber si puedes darle otra oportunidad?

**1.** Su arrepentimiento va más allá de las palabras.

**2.** Busca ayuda para mejorar las áreas débiles.

**3.** Sus acciones demuestran cambios.

**4.** No hay conductas de maltrato físico, emocional, sexual; que pongan en riesgo tu vida o la de los tuyos.

## Lo que no debes hacer después del divorcio

La tristeza que sentimos cuando terminamos una relación puede que nos lleve inicialmente a no querer salir. Aislarse no es una opción saludable. ¡Ten cuidado! La soledad es saludable, pero en exceso y cuando estamos pasando momentos de dolor no es buena consejera. Mientras estamos solas pueden venir muchos pensamientos negativos a nuestra mente, nos podemos aferrar al llanto y la tristeza.

Muchas personas utilizan las canciones o películas de desamor para llorar y sacar ese dolor, pero hay que tener un límite. A mí particularmente las canciones de desamor me deprimían muchísimo. Yo las evitaba lo más posible. Recuerdo que esos primeros meses de divorciada coincidieron con mi inscripción en el gimnasio. A la hora que iba estaban varias mujeres, por lo que ponían música de amor y desamor. Ahora me río, pero en esos momentos lloraba a lágrima viva cada vez que escuchaba una de esas canciones. Era una verdadera tortura. Hablé con el entrenador personal y le expliqué mi situación, entonces cambiaron el tipo de música y yo me pude concentrar en hacer los ejercicios y despejar mi mente. Así que todo lo que produzca más dolor hay que descartarlo, incluyendo los clavos. Sí, de eso hablamos ahora.

*"Es importante sacar el dolor, pero no perpetuarlo".*

## ¿Un clavo saca otro clavo?

Es algo inevitable, aunque los que terminan una relación, ciertamente, no están preparados para otra, tienden a recurrir a relaciones superficiales. Yo no entré en ese tipo de relación, pero no puedo decir que no salí con un par de chicos solamente para tener compañía y tal vez probarme que todavía podía atraer a alguien, para distraerme o simplemente compartir. Sin embargo, ¿es saludable salir inmediatamente con otra persona? Más todavía, ¿es conveniente comenzar una nueva relación de inmediato? La pregunta es clara y la respuesta más todavía. Un clavo que da encima de otro clavo lo que hace es hundirlo a tal punto que parece que ha desaparecido, pero se encuentra en la profundidad del corazón: el hueco será más grande y la herida también. Entonces, ¿por qué hay personas que se empeñan en decir que un clavo saca otro clavo? y más aún,

¿por qué hay gente que se conforma con ser ese clavo que supuestamente saca el otro?

De acuerdo con el psicólogo Walter Riso, mucho tiene que ver con la dependencia. Hay individuos que no pueden estar solos porque son tan inseguros de sí que necesitan tener a alguien a su lado, por lo que terminan una relación diciendo amar a esa persona y al otro día ya sienten amar nuevamente y establecen un nuevo romance. ¿Realmente sabrán lo que es el amor?

## La pérdida y el reemplazo

El divorcio es una pérdida, ya lo había explicado anteriormente. Es como si la persona muriera. Te pregunto entonces, si tu mamá muere, ¿puedes reemplazarla? No, ¿verdad? Pues cuando una relación termina, esa persona tampoco se va a reemplazar. Eso no quiere decir que no puedas tener otras relaciones, pero requiere un tiempo de luto. Ese periodo es el proceso que necesitas para sanar y fortalecerte. Entonces, es importante que analices qué te lleva a establecer relaciones tan pronto terminas una. Primero, es necesario buscar ayuda profesional y espiritual para sanar no solamente lo que viviste en la relación anterior, sino las heridas del pasado que te hacen actuar de esa manera desesperada. Puede ser la soledad, la necesidad de amor, la búsqueda de un padre o una madre ausente, entre otras razones.

Si estás conociendo una persona, asegúrate de que ya cerró el capítulo de su relación anterior y que ha pasado un tiempo razonable, no vaya a ser que estés siendo utilizada como un clavo y en su momento te toque sufrir también la inestabilidad emocional que pueda tener ese individuo. Definitivamente, no se puede abrir el corazón sin conocer las fortalezas y debilidades del otro. No todo lo que brilla es oro y puede que parezca la persona idónea, pero no necesariamente es así.

En vez de un clavo, yo diría que lo que hace falta es un buen martillo para sacar ese clavo de raíz, sellar ese hueco y entonces poder restablecer la vida. El amor es maravilloso, pero solamente se puede compartir cuando estamos sanas, restauradas y nos sentimos felices con nosotras mismas. Recuerda que nadie puede dar lo que no tiene y no se puede intentar llenar esos vacíos con otra persona. Hay que buscar ayuda profesional y espiritual para mejorar nuestras vidas antes de entrar en una nueva relación. Así que, después del divorcio hay mucho que vivir, pero, ¡cuidado con los clavos!

# CAPÍTULO 8

# Volver a empezar es posible

El divorcio es como una muerte en vida. Sin duda alguna, es una pérdida muy difícil. Cuando un ser amado muere, hay un proceso de despedida que permite recordar los mejores momentos vividos al lado del que ya no está. Sin embargo, en el divorcio no hay un cadáver que enterrar y, por lo general, lo que más recordamos son las vivencias de dolor. Luego de esa tragedia, lo menos que queremos pensar es en el amor. Ponemos barreras gigantescas para evitar más sufrimiento.

> "Abrir el corazón es bien difícil, más cuando no se ha sanado".

El proceso de sanación no ocurre de la noche a la mañana. Lamentablemente, para muchos ni siquiera se llega a completar y viven con odio, resentimiento y una profunda tristeza que les impide ser felices y rehacer sus vidas. Ahí está la verdadera tragedia. En algunos casos ni la persona vive ni deja vivir a los demás. Definitivamente eso tiene que cambiar.

En mi caso, gracias a Dios, el proceso de sanidad comenzó el mismo día del divorcio. Ya les conté anteriormente por qué decidí perdonar a mi ex. Quería estar en paz de manera que pudiera reencontrarme conmigo y si en algún momento llegaba nuevamente el amor lo pudiera recibir con los brazos abiertos. No obstante, estaba renuente a esa posibilidad. Quería seguir disfrutando de la soledad y así lo hice. Fueron 14 años de relación entre amistad, noviazgo y matrimonio. No era fácil volver a tener una relación. Tengo que reiterar que cuando uno pasa por una experiencia dolorosa lo menos que quiere es volver a vivir algo similar. Por lo general, se llena de resentimiento y ve el amor como un enemigo que lo que quiere es hacernos llorar y sufrir.

Al principio creo que también me sentí así. Tenía miedo y tuve que pasar por el proceso del perdón. Definitivamente no había quedado igual. A pesar de que ya había perdonado todavía estaba en un proceso de sanidad. Es importante entender que el perdón no es una vara mágica que te quita el dolor. Tengo que confesarte que al principio hay días buenos y otros que sientes desmayar. Una cosa es perdonar y otra es sanar; la segunda toma más tiempo. Mientras eso ocurre, puedes sentir dolor. Vienen pensamientos y recuerdos que te abren la herida una y otra vez. No te preocupes, es normal. Ahora bien, no permitas que el dolor se apodere de tal forma que no te deje funcionar. Necesitamos ser restaurados: que podamos volver a nuestro estado original, tal como lo dice la definición en la Real Academia Española.

"**Restaurar** - *Reparar, renovar o volver a poner algo en el estado o estimación que antes tenía.* (Real Academia Española, n.d.)

Ciertamente, es esencial recuperar el valor y volver a creer que es posible comenzar. La vida es hermosa y cada día nos da la oportunidad de mejorar, de reparar y renovar aquellas áreas que han sido lastimadas para que podamos funcionar a nuestra mayor capacidad. Sin embargo, ¿cómo podemos volver a empezar?

Aquí algunos pasos que me ayudaron a restaurar:

**1.** Reconocer lo que nos duele.

**2.** Seguir buscando apoyo espiritual y profesional para sanar.

**3.** Aceptar que podemos sentir temor a lo nuevo.

**4.** No dejarnos paralizar por el miedo.

**5.** Vivir un día a la vez y disfrutarlo.

**6.** Celebrar cada paso de mejoría.

**7.** Ampliar el círculo de amigos.

**8.** Salir del encierro y socializar.

**9.** No permitir que la culpa se convierta en nuestra sombra.

Esa renovación nos llevará a dar pasos más concretos hacia la sanidad. Gradualmente, el dolor bajará su intensidad hasta que la herida sane por completo y deje de doler. Luego veremos solamente la cicatriz, pero ya no dolerá. Al contrario, nos reiremos de las experiencias vividas. También, nos sorprenderemos de lo mucho que hemos crecido en medio de la crisis y de lo que hemos aprendido.

## ¿Qué aprendí para prevenir las crisis?

Aprender es parte del proceso de volver a empezar. Si hay experiencias dolorosas, no las debemos ver como fracasos sino como oportunidades de aprendizaje. Eso fue el divorcio para mí. Y más vale que haya aprendido mis lecciones porque dicen que en la vida lo que no aprendemos lo volvemos a repetir. Créeme, no quiero volver a vivir un divorcio. En todos los matrimonios hay problemas, pero va a depender de nosotros si permitimos que se convierta en una crisis profunda y tormentosa. Por lo tanto, el cultivar la relación ayuda a prevenir las crisis. ¿Cómo lo hacemos?

**1. Tiempo de calidad** - Algo que debí hacer con mayor frecuencia fue dedicar tiempo para relajarnos como pareja. Ir a la playa, hacer turismo interno, tomar vacaciones, quedarnos en la casa viendo películas, ir a comer helados. En fin, cualquier cosa que nos alejara de la rutina semanal.

**2. Avivar la pasión** - Buscar formas creativas para cultivar el amor y mantener viva la pasión. Era importante propiciar más escapadas de luna de miel varias veces al año. No tenía que ser algo que incurriera mucho presupuesto, pero sí que pudiéramos descansar y disfrutarnos como pareja.

**3. Contacto físico intencional** – los abrazos, los besos y las caricias no se deben reservar sólo para los momentos de la intimidad sexual. Tenemos que provocar ese contacto físico para mantenernos unidos y desearnos cada vez más.

**4. Comunicación** – La comunicación es fundamental en una relación. Las crisis deben ser enfrentadas y superadas, de lo contrario volverás a cometer los mismos errores en relaciones futuras. Establece canales correctos de comunicación: no guardar las cosas que no te gusten. Hay que buscar el momento apropiado para conversar y si es posible llegar a un consenso. En caso de que no se pueda llegar a un acuerdo, una de las partes tiene que estar dispuesta a ceder.

*"Lo que callo lo voy acumulando y cuando lo digo exploto de una manera incorrecta".*

Elizabeth Vargas – Me divorcié y ahora, ¿qué?

**5. Consejería** – La consejería prematrimonial es fundamental para que puedas decidir si entrarás al matrimonio y qué áreas necesitas trabajar previamente. Si ya estás casada, asiste a conferencias para fortalecer tu relación y prevenir la crisis. También, lee libros relacionados a áreas que tengas dificultad. Busca ayuda profesional de un consejero de parejas, terapista, psicólogo y, si es necesario, un psiquiatra para trabajar con tus debilidades y con los problemas de la relación. En la medida que tú busques ayuda para mejorar, la otra persona va a notar el cambio y, de una forma u otra, si quiere luchar por la relación, se unirá al proceso de terapia. El apoyo profesional debe ir de la mano de la guía espiritual.

**6. Vuelve a empezar** – Piensa en qué fue lo que los unió y cuáles han sido los momentos más hermosos que han vivido juntos. ¿Vale la pena seguir luchando? Que tu meta sea despertar cada día con la intención de enamorar a tu pareja y volver a empezar, de darse la oportunidad de amar y mejorar.

## Haz las paces con tu pasado

La prevención es importante para no volver a cometer los mismos errores y evitar las crisis. Sin embargo, algo que he aprendido no solo de mi experiencia, sino a través de mis estudios; es que no siempre los problemas que vivimos en ese momento son la verdadera razón que nos llevan a la crisis. ¿Cómo? Sí, hay algo más allá, en muchas ocasiones está relacionado con el pasado, con nuestra

> *"Enamorarse cada día es clave para mantener viva la llama del amor".*

niñez, con nuestra familia extendida. En el capítulo sobre el perdón hablé de la importancia de perdonar para poder sanar. A veces existen traumas de la niñez que están en nuestro inconsciente y que salen a relucir en nuestras relaciones adultas. Por eso es que enfatizo tanto en buscar ayuda profesional.

La salud emocional es sumamente importante. Si no estamos sanos, no estaremos listos para amar ni para relacionarnos efectivamente en ninguno de los escenarios de la vida. Suena fuerte, pero es así. Vivimos culpando a los demás de nuestras insatisfacciones y de los dolores que no hemos sanado. Arrastramos con sufrimientos ante la falta de un padre o una madre. Tal vez tuvimos unos padres ausentes o sobreprotectores. Ambos extremos afectan y pasamos la factura de esas vivencias a todos los que tenemos a nuestro alrededor. Hoy es un buen día para que te detengas a pensar: qué te falta por sanar y busca ayuda. Mientras más rápido sanes, más preparada estarás para relacionarte afectivamente. Así que no lo pienses más, haz las paces con tu pasado para que puedas volver a tu primer amor.

## Reconcíliate con tu primer amor

Hay un amor que se lastima grandemente en el proceso de separación, divorcio o crisis matrimonial. Normalmente tendemos a encontrarnos defectos y nos creemos con menos valor del que realmente tenemos. Así que, uno de los pasos más importantes que tienes que dar para poder restaurar tu vida y sanar tu corazón es reconciliarte con tu primer amor. Ve al espejo, toma unos minutos para contemplarte, mira esos ojos y a través de ellos ve todo el valor que Dios depositó en ti. No creas las mentiras que vienen a tu mente a causa del aparente fracaso que has vivido.

## Empieza con el pie derecho:

**1.** Ponte en primer lugar.

**2.** Fortalece tu autoestima.

**3.** Cree en ti y en tu potencial.

**4.** Descubre nuevas habilidades.

El primer amor, en el que tienes que creer y el cual debes cultivar, es el que va dirigido a ti misma. Así que no cometas los mismos errores. No busques reemplazar una pareja por otra sin haber sanado. Sufrirás más. Además, no es justo para ti ni para la otra persona. No le pases factura de lo que te hicieron en el pasado a tu nueva relación y mucho menos entres en el juego de tener relaciones solo para satisfacer tus deseos sexuales. Te conviertes en un objeto y no eres una cosa para estar pasando de mano en mano. ¡Tú vales! Cada vez que te entregas, dejas una parte de ti tanto emocional, física como espiritual; te vas desgastando. Es hora de que ocupes el lugar que te corresponde, que te ames como te mereces y no te rebajes a recibir migajas cuando puedes recibir el plato principal.

"No entregues tu cuerpo a alguien que no pueda amar tu alma y sostener tu corazón".

## Hay vida después del divorcio

Una vez que ocupes tu lugar, busca la manera de crecer y de fortalecer tu autoestima. Haz una lista de actividades que te gustaría realizar. Tal vez tienes metas o sueños que no terminaste. ¡Este es tu momento!

**1.** Toma unas vacaciones.

**2.** Aprende algo nuevo: toma alguna clase, un seminario, una conferencia.

**3.** Haz una nueva carrera profesional.

**4.** Comienza a caminar en algún parque o alrededor de tu casa.

**5.** Ve al gimnasio.

**6.** Inicia el hábito de comer saludable.

**7.** Hazte un cambio de imagen.

**8.** Lee libros que te enriquezcan.

**9.** Dedica tiempo para ti.

La autoestima saludable te llevará a tener confianza en ti y volver a creer en tu potencial y, por qué no, a creer en el amor. Claro, esto no ocurre de un día para otro, es un proceso. No quieras adelantar pasos. A algunas personas les toman unos meses, a otras les puede tomar más de un año. Nada ni nadie debe presionarte, date tu espacio. Mientras más fortalecida salgas de este proceso, mejor preparada estarás para el futuro.

## ¡Vuelve a la independencia!

El cordón umbilical es el primer canal que nos mantiene

conectadas y nos convierte en seres dependientes desde antes de nacer. Mientras crecemos, necesitamos la seguridad, la guianza, el apoyo, tanto emocional como económico, de nuestros padres. Así, poco a poco, van entrando otras personas a la escena: hermanos, primos, amigos y parejas. De cada uno recibimos amor, cariño y aceptación; o por lo menos así debe ser. Cada una de esas relaciones se desarrolla de manera que algunas pueden durar toda la vida. Ciertamente, es hermoso contar con los seres que amamos. Sin embargo, hay ocasiones en que las relaciones entran en un círculo vicioso donde el amor pasa a un segundo plano y la obsesión se convierte en la principal protagonista.

La dependencia vuelve a las personas en esclavas de los demás. Su vida gira en torno al otro. Piensa que sin esa otra persona no puede vivir, no podrá ser feliz y se aferra a esos pensamientos. Aunque puede ser más notable en las relaciones sentimentales o de pareja, esa dependencia puede ocurrir entre padres e hijos, hermanos y amigos. En fin, cualquier tipo de relación puede entrar en una dependiente. Por lo general, son relaciones altamente enfermizas. Una de las personas trata de salvar al otro, de solucionarle todos los problemas, de querer agradarle; aun dejando a un lado sus sueños. Lamentablemente, esto puede ocurrir de manera inconsciente, por lo que la persona lo puede ver como algo cotidiano o normal.

Ciertamente nacimos para ser parte de un grupo y vivir en comunidad, pero no podemos aferrarnos a los demás dejando a un lado lo que somos y lo que queremos ser. Ya sea una dependencia emocional o económica, nada justifica el que vivamos relaciones tormentosas que no nos hacen crecer y que nos consumen la vida. Si estás en una relación así puede que la otra persona te lastime, te haga daño y se lo permitas por evitar la separación. Si eso te está ocurriendo, busca ayuda inmediatamente. Nadie se muere al establecer límites en las relaciones, ya sea de pareja o una relación familiar.

> "Lo que no te enriquece no vale la pena".

Modificar esa conducta puede ayudarte a vivir mejor. Ser independiente te permite amar, vivir y disfrutar plenamente, de forma saludable. Una persona independiente sabe poner un alto cuando lo que está ocurriendo le hace daño, reconoce su valor y se da su lugar. El cordón umbilical te lo cortaron al nacer, no dejes que un cordón emocional te ate a alguien que te lastima. Tú puedes valerte por ti misma, da un paso al frente y disfruta de la independencia. Con el divorcio es necesario romper con todo lo que te ata a la otra persona. No busques excusas para mantenerte en una relación emocional, sexual o económica con esa persona. En el caso que tengas hijos, mantén una comunicación estrictamente sobre el bienestar de ellos, pero no utilices ese vínculo como excusa para mantener viva la esperanza de volver a una relación que te daña y te afecta. Muchas personas le tienen miedo a la soledad, pero es la gran oportunidad para descubrirse y encontrar fortalezas que antes no habían notado. Así, que vuelve a la independencia y comienza de nuevo. Eso implica hacer ajustes económicos y cambiar muchas de las rutinas diarias, pero te dará la oportunidad de abrirte camino para encontrarte contigo y tal vez con alguien más que realmente aporte positivamente a tu vida.

## Creo en el amor

Muchos utilizan las palabras te amo para iniciar un juego, una relación pasajera, momentos de pasión desenfrenada y tantas otras cosas que no definen lo maravilloso y especial que es experimentar el verdadero amor. Resulta que algunas personas no conocen el significado de la palabra amor y mucho menos pueden transmitir lo que es oculto para ellos y lo que no han aprendido. Entonces, van por la vida diciendo que aman con palabras, pero demuestran todo lo contrario con sus hechos. Y es triste porque hieren y lastiman tantos corazones de personas inocentes que entregan por completo el alma en la relación. Las dejan con cicatrices que, en ocasiones, pueden quitarle el deseo de volver a amar. Mienten deliberadamente, viven dobles vidas, siembran negativamente sin darse cuenta que todo lo que sembramos eso vamos a cosechar. Y en ocasiones, su comportamiento los lleva a vengar de alguna manera el daño que otras personas le hicieron y que no pudieron superar. Olvidan por completo el dolor que experimentaron cuando fueron ellos los traicionados y heridos.

> *"El amor no lo define el comportamiento de la persona que dijo que te amaba y luego te traicionó".*

Tengo algo que decirte, una o varias experiencias dolorosas no deben quitar de tu corazón el deseo de amar. Puedo decirte que creo en el amor a pesar de lo que haya vivido en el pasado y de las personas que no supieron valorar el compromiso que implica la decisión de amar. Hay que sanar el corazón y esperar en Dios, pues Él mejor que nadie nos conoce y sabe lo que necesitamos.

Te reitero que ni el divorcio pudo quitar de mí el deseo de creer en el amor porque conozco el significado y tengo la capacidad de amar. Ciertamente lo pude confirmar. Si lo dejé partir a él y le di su libertad fue porque él pensaba que lo haría feliz y si yo lo amaba debía contribuir a esa felicidad; aunque no fuera conmigo. No obstante, la decisión de amar es para valientes, para aquellos que saben comprometerse y luchar hasta el final. No te canses de creer mientras esperas y sanas. Sin embargo, es importante que te preguntes, ¿qué significado le das al amor?

## ¿A qué llamas amor?

El amor nos eleva a los más hermosos sentimientos, pero también a nombre del amor podemos llorar lágrimas de sangre. Esto gracias a los que utilizan esa palabra sin profundidad, sin conocer lo que realmente representa. Aun así insisto en que creo en el amor y no lo digo por adornar un escrito, pues cuando me inspiré inicialmente para afirmar que defiendo el amor y lo que realmente es, pasaba uno de los momentos más dolorosos de mi vida sentimental: vivía lo que era enfrentar un divorcio. Ciertamente, sé que el amor es la fuerza que nos impulsa a vivir porque ese sentimiento gira en cada relación que tenemos, ya sea de pareja, la familia en general o de amigos.

Entonces, quiero que reflexionemos sobre el tema. Me pregunto y te cuestiono: ¿A qué llamas amor? A un intento fugaz desesperado de pura pasión. A una promesa que te lleva a soñar. A una noche frente al mar bañados por el reflejo de la luna. A la entrega del alma, cuerpo y corazón sin condiciones. A un romance con alguien extraño que tal vez no se vuelva a cruzar en tu camino. A las mariposas que revolotean en tu estómago con cada palabra que escuchas, cada caricia, abrazo y cada beso que recibes. A negarte a ti mismo y a tus intereses por el bienestar de esa otra persona. A los deseos de satisfacer unas necesidades meramente sexuales. A un poema que encierra las emociones más profundas. Me empeño en cuestionar, ¿cuál es el significado para ti? ¿Qué estás dispuesta a hacer para demostrar ese amor?

El amor es una entrega, un pacto que se decide y se respeta. No un alegado compromiso emocional que culmina el día que sientes que ya no hay gratificación y se terminó. Hablar de amor por tener algo bonito que decir y experimentar sensaciones pasajeras no beneficia a nadie, ni al que dice dar ni al que lo recibe. Tarde o temprano, cuando el amor no ha sido una decisión verdadera, la máscara se cae y el telón se cierra, no hay teatro que dure para siempre, la escena termina. Lo que es verdadero se demuestra a través de la lucha por ser mejores personas y para beneficiar a los que nos rodean, se confirma con el cuidado que se le brinda a ese ser especial. Para amar a otros primero tenemos que saber valorarnos y amarnos nosotras. Solo así, el amor será real y se podrá defender con toda la pasión del mundo como para no dejarlo morir. Recuerda que amar y volver a empezar es posible.

## Vuelve a empezar

La sala del Tribunal estremeció mi vida y la cambió para siempre. El divorcio parecía ser un estigma que iba a dañar los planes y sueños que tenía de poder ser una mujer de influencia en el área de la conducta humana. Contribuir a una familia saludable se veía lejos, pues yo había perdido la mía. No sé qué puedas estar viviendo hoy. Tal vez estás en medio de una crisis matrimonial, experimentas una separación, hay violencia en la relación y estás sufriendo amargamente. Puede que como a mí me pasó, te lleguen pensamientos de derrota y desesperanza.

Sin embargo, tu relación puede tener una oportunidad de salir de esa situación si buscas la ayuda espiritual y profesional que necesitas. ¡Inténtalo si no está en riesgo tu vida! Puedes volver a empezar con la misma persona con la que un día hiciste un pacto ante Dios y tener éxito en la relación. Recuerda que el compromiso debe ser de las dos partes, pero puedes comenzar tú. Mucho se habla de esa frase que dice que seas el cambio que quieres ver; nada más cierto. Si quieres ver una transformación en tu matrimonio o relación, comienza por ti. Haz aquello que quieres ver por parte de tu cónyuge. Siembra amor y cosecharás.

Ahora bien, si como yo, ya la relación llegó a su fin, es momento de sanar el dolor, perdonar y superar esa separación. Tú tienes la fortaleza necesaria para hacerlo. Rodéate de personas que te puedan ayudar a florecer en medio de este desierto. Cuando salí del Tribunal no tenía idea de qué me esperaba. Ahora sé que el dolor me hizo descubrir a una Elizabeth fuerte, valiente y decidida a salir adelante. ¿Qué he sufrido? Sí, he derramado muchas lágrimas, pero estoy de pie y muy feliz.

## ¡Tú también puedes lograrlo!

Una vez hayas sanado te darás cuenta que de lo aprendido podrás poner en práctica muchas cosas que te ayudarán a tener éxito en una futura relación. No tengas miedo al porvenir. Busca todas las herramientas posibles para restaurar tu corazón porque quizás hoy digas: **Me divorcié y ahora, ¿qué?** Mañana te darás cuenta que, **¡volver a empezar es posible!**

# Referencias

Real Academia Española. (s.f.). Recuperado el 18 de mayo de 2018, de https://dle.rae.es/?id=KzR4947

Real Academia Española. (s.f.). Recuperado el 18 de mayo de 2018, de https://dle.rae.es/?id=2PGmlay

Real Academia Española. (s.f.). Recuperado el 2 de junio de 2018, de https://dle.rae.es/?id=KtRk4zi

Real Academia Española. (s.f.). Recuperado el 2 de junio de 2018, de https://dle.rae.es/?id=KvAZPl8

Real Academia Española. (s.f.). Recuperado el 2 de junio de 2018, de https://dle.rae.es/?id=ok8i4DT

Real Academia Española. (s.f.). Recuperado el 21 de junio de 2018, de https://dle.rae.es/?id=WEDDoZm

Vargas, E. (6 de febrero de 2012). Más que vivir. Recuperado el 25 de mayo de 2018, de https://masquevivir.com/2012/02/06/juego-de-amor/

Vargas, E. (27 de marzo de 2012). Más que vivir. Recuperado el 13 de mayo de 2018, de https://masquevivir.com/2012/03/27/no-se-pierde-lo- que-no-se-tiene/

10438538R00066

Made in the USA
Monee, IL
01 September 2019